受益一生的
北大领导课

徐兵智 谢寒梅◎主编

台海出版社

图书在版编目(CIP)数据

受益一生的北大领导课 / 徐兵智, 谢寒梅主编.
--北京:台海出版社,2014.6

ISBN 978-7-5168-0368-4

Ⅰ.①受… Ⅱ.①徐… ②谢… Ⅲ.①领导学–通俗
读物 Ⅳ.①C933-49

中国版本图书馆 CIP 数据核字(2014)第 153222号

受益一生的北大领导课

主　　编:徐兵智　谢寒梅

责任编辑:侯　玢

装帧设计:吴小敏　　　　　　版式设计:通联图文

责任校对:李书秀　　　　　　责任印制:蔡　旭

出版发行:台海出版社

地　　址:北京市朝阳区劲松南路 1 号，邮政编码：100021

电　话:010-64041652(发行,邮购)

传　真:010-84045799(总编室)

网　　址:www.taimeng.org.cn/thcbs/default.htm

E-mail:thcbs@126.com

经　销:全国各地新华书店

印　刷:北京高岭印刷有限公司

本书如有破损、缺页、装订错误,请与本社联系调换

开　本:710×1000　　　　1/16

字　数:210 千字　　　　　印　张:17

版　次:2014 年 9 月第 1 版　　印　次:2014 年 9 月第 1 次印刷

书　号:ISBN 978-7-5168-0368-4

定　价:35.00 元

序

北大，在风风雨雨中走过了近百年的沧桑岁月，见证了中国绵延不断的悠久历史。

北大，由新文化运动温养又反哺中国文化，至今依然坚定地屹立在文化阵地的前沿。

北大，可以说是传统文化与沧桑历史的完美结合。日积月累的文化底蕴逐渐塑造了特有的人文魅力。

当同龄人乘着时代的列车前进时，许多北大人已一跃成为时代的领航者，他们的成功在一定程度上源于北大精神！

在全国，多少莘莘学子寒窗苦读只为有朝一日能徜徉于"一塔湖图"之间，聆听学界大师的教诲，但仅有少数佼佼者能有幸踏足未名湖畔。

俗话说："站在前人的肩膀上，我们可以看得更高、更远。"

为了让那些在生活中不甘平庸，渴望成功，对理想有所追求的人也能聆听到北大的精彩课程，走入它的历史和文化，从中学到百年名校的成功智慧，我们特此策划编写了这套北大丛书。

北大从不认为领袖是天生的，强调领袖是可以培养的。北大培养出的学生，也以他们的实践，出色地做到了这一点。他们通过领导才能、科学发明、思想智慧和艺术创造等丰富了我们的生活，也为我们留下了许多的思考——

领导者如何管束追随者的梦想与欲求？

一个优秀的领导者需要具备何种情怀与特质，才能使追随者"生死相随"？

优秀领导者的思维方式到底是怎么样的？

……

千军易得，一将难求！

北大人认为，领导力是有效领导不可缺失的保障，是一个优秀的领导干部所努力追求的东西。

那么，何谓领导力？

北大人认为，领导力就是影响力。从这个角度来说，无论你是一位成熟老练的领导，还是一个刚刚走上领导岗位的新人，都需要有领导力。

本书精选了北大知名学者、部分毕业生、教师有关领导力的精彩观点和语录，引用了很多现实世界中的例子，深刻剖析了21世纪的领导力本质——从领导者的内心修为、个人品性的修养、处世方式和管理方法等多个角度，生动阐述了领导力来自哪里，如何培养和提升领导力，如何在日常管理工作中发挥领导力等内容，可以帮助领导者确保团队始终保持正能量、充满战斗力。

书中深入浅出的故事引人入胜，呈现了领导多姿多彩的多维视角，以及具体有效的解决之道。本书既能启迪管理研究者和实践者的思想，又是各级经理人提升领导力的行动指南。它将为你破解困惑、拨云见日，让领导真正解放，让企业彻底重生！

目　录

CONTENTS

北大认为，不懂得预见的领导不是真正的领导。在任何组织中，只有领导者具备了预见功能的必要特质，才能高瞻远瞩、因势利导地制定出赢在起跑线的路线、战略，才能起到领路人的关键作用，打造出组织经久不衰的核心竞争力，使组织实现可持续发展。

北大讲师说，一个好的执行部门能够弥补决策方案的不足，而一个再完美的决策方案，也会死在滞后的执行部门手中。从这个意义上说，执行力是企业管理成败的关键。

第三课　愿景建设——挖掘员工潜能的永动机 …………………………… **44**

> 如果没有共同愿景,将无法想象苹果电脑、AT&T、福特等是
> 怎么建立起它们的成就。同样的,北大的愿景是一个方向舵,能够
> 使你在学习过程中遭遇混乱或阻力时,继续遵循正确的路径前进。
> 对北大人来说,学习可能是困难而辛苦的,但有了共同愿景,上述
> 所有的困扰似乎都微不足道。对领导者来说也是如此。

所谓圣人，说到底就是那些先知先觉者，他们领悟了大智慧，又用来启发那些后知后觉的人。我们的领导者，就应当是这种先知者。我们最大的本事不是自己领悟，而是通过沟通，启发众人觉悟。

美国哈佛大学教授威廉·詹姆斯通过研究发现：在一个缺乏激励的组织中，员工的潜力只能发挥出20%~30%；而在良好的激励环境中，同样的员工可以发挥其潜力的80%~90%。这一研究表明，在企业管理中，每一位员工都需要被激励。

第六课 授权有度——事事都自己干的领导不是好领导 …………

　　合理授权对领导实现企业目标至关重要。事必躬亲,最后积劳成疾、不幸早死的诸葛亮,一直以来成为管理者借鉴的对象。一个企业领导者如果不愿意授权或者不善于授权, 他领导的企业一定是一个缺乏活力的企业。

第七课 人尽其用——让每个员工发挥其长,才能各尽其能 …………

　　世界上没有两片完全相同的树叶,人一生中不可能两次踏进同一条河流,任何事物之间都有差异。同样,在企业里,每一个员工都有自己的个性、特长和工作方法,领导者只有让每个员工发挥其长,才能各尽其能。

第八课　恩威并重——领导者最高明的管理艺术 ……………… **173**

　　　领导者的影响力来自哪里?用两个字即可以概括:一个是
"权",一个是"威"。在很多人看来,领导的艺术就是"恩威并施"。
"如何能让员工既爱又怕,既能让员工感觉到约束力,又能充分地
发挥其主观能动性",这几乎是所有领导者心底里最大的愿望。

第九课　魅力修炼——良好的形象是领导力的"仪表盘" …………… **202**

　　　为什么北大走出来的人普遍受到大家的认可与追随呢?
因为人们认同与尊敬的必然是那些富有人格魅力、颇具影响
的人。所以,在任何一个时代,个人魅力都是一个领导者所必
须拥有的特质。

第十课　团队为王——卓越的领导是高绩效团队的灵魂 …………… 233

　　诚然,在一个团队中,精英的地位不可低估,但形成积极、易沟通、协同合作的幸福的团队文化往往更能促使团队实现"1+1>2",即"整体大于个体之和"之目的。

第一课

运筹帷幄
——决策是领导力的起跑线

北大认为，不懂得预见的领导不是真正的领导。在任何组织中，只有领导者具备了预见功能的必要特质，才能高瞻远瞩、因势利导地制定出赢在起跑线的路线、战略，才能起到领路人的关键作用，打造出组织经久不衰的核心竞争力，使组织实现可持续发展。

1.领导者最关键的任务就是做出正确的决策

作为领导者,在综合素质的考量上,有三方面是属于其核心能力的,即决策、用人、专业。而这三方面的侧重点又各不相同:对领导者来说,最重要的是决策能力,占47%;其次是用人能力,占35%;专业能力只占18%。市场就如同一个没有硝烟的战场,同行业之间的竞争已经发展到了白热化的程度。谁在经营管理决策上善于筹谋,具有前瞻性,谁就有可能在市场上领先一步,抢占到制高点,并保持永不落后的发展状态;而相反,如果目光短浅,只顾眼前,缺乏长远思想和深谋远虑,其结果只能是永远当"追随者"。

2009年末,美国总统奥巴马给自己入主白宫到现在做了一个总结。他说:"我对自己第一年的工作表现并不满意,但我起码证明了,面对艰难决策,包括那些不受人欢迎的决策,我是敢拍板的!"

你可能会问:何谓决策?

我们来看一个有趣的试验:

荷叶上有3只青蛙,其中1只青蛙决定跳下水。请问:过了一会儿,荷叶上还有几只青蛙?

一道看似简单的题目,其实不然。

有人说,荷叶上还有2只青蛙。原因很简单,小朋友都会算嘛,最简单的算术:3-1=2。

有人说,荷叶上还有1只青蛙,给出的理由是青蛙也像人一样,会对环境的变化和事态发展有判断力。如果荷叶上有1只青蛙跳下水,按从众心理理论分析,估计荷叶上另外2只青蛙跳下水的概率各为50%,那么,荷叶上还剩

下1只青蛙。

这两种答案符合一般人的思维习惯。实际上,问题并不这么简单。

答案是:荷叶上还有3只青蛙。为什么会得出这一结论呢? 其实,你只需要再仔细读一遍题目就知道了。

不信,你再大声朗读一遍题目:

荷叶上有3只青蛙,其中1只青蛙决定跳下水(请注意"决定"两个字)。

这次你明白了吧? 原来决定跳下水的那只青蛙,只是做了一个决策而已,而实际并没有真正行动,它还是站在荷叶上——只有决策而已!

在20世纪80年代,日本的存储器以极低的价格迅速占领了全球存储器市场,英特尔被挤出了原本属于他们的市场领地。到1985年秋,英特尔已连续六季度出现亏损,产业界都普遍怀疑英特尔是否能继续生存下去了。作为英特尔的领导者,安德鲁·格鲁夫必须做出决策。

在办公室里,格鲁夫与董事长摩尔单独会谈——那时英特尔已在争论中徘徊了一年。格鲁夫问摩尔:"如果我们下了台,你认为新当选的CEO会采取什么行动?"

摩尔犹豫了一会儿说:"他会放弃生产存储器。"

格鲁夫坚决地说:"你我为什么总是走不出这个怪圈呢?"

实际上,这个决心是很难下的,因为在当时,英特尔就"等于"存储器。最终,格鲁夫说服了摩尔,他力排众议,顶着重重压力,坚决砍掉存储器的生产,而把生产微处理器作为英特尔的新利润增长点。

到1992年,英特尔在微处理器上的巨大成功使它成为世界上最大的半导体企业。1987年至1997年的10年时间,英特尔的年投资回报率平均高于44%。格鲁夫也两度被《商业周刊》评为"全球最佳企业领导人"。

正是由于格鲁夫的决策才拯救了英特尔。他认为:"在一个企业感到自己即将被激流和旋涡吞没时,往往也是企业面临着一个新的战略转型的时候。在这时,犹豫不决只会使威胁变得更大,这个时候最需要领导者当机立断。"

决策就是从两个或两个以上的未来行动方案中选择一个最优方案的过程。决策力就是适时做出重大决定的能力,是企业家为维持企业生存必须具备的、最起码的素质。

领导者的决策会对其组织成员产生不可估量的影响。"运筹帷幄,决胜千里",决策正确乃成事之始;"一着不慎,满盘皆输",决策失误即败事之趋。决策的正确与否,往往决定着一个企业或组织的兴衰存亡。

2.做决策时应该考虑的几点

每个人都是决策者,日常生活的各个方面都需要我们做决策。

企业领导者每天都必须对企业面临的各种问题做出决策——在复杂多变的环境中,领导者必须在信息不充分、情况不确定的情况下做出影响个人和企业命运的决策。在这种情况下,个人和群体的决策心理和行为方式就在无形中对决策起着巨大的影响。

一个好的领导者,在做决策时必须考虑以下几点:

(1)决策质量的重要性

决策有较高的质量要求吗?是否由于质量上的要求而使得某种决策方式比另一种方式更合理?对决策质量的要求影响决策方式的选择:在时间压力不大、问题解决与否事关全局、需要发挥创造性、需要被下属广泛接受时,要采用团体决策;在时间紧迫、问题解决与否不影响全局、有先例参考时,可以采用个人或小组决策。

(2)为做出高质量的决策所掌握的信息和技能的程度

领导者掌握了足够的信息吗?领导者的技能是否有利于做出高质量的

决策？如果只是信息不够,那就需要从多方面搜集信息;如果只是技能不够,那就需要依靠领导小组的集体智慧;如果信息和技能都不够,那就要尽可能地集思广益了。

(3)问题的结构性程度

需要解决的是什么结构类型的问题？结构良好的问题(问题直观、目标明确,信息清楚且完整,方案结果确定,有先例)一般按照相应的规则与政策采用程序化决策,非结构性问题(问题新颖、唯一,不经常发生,信息不完全且模糊,无先例)一般要创造性地采用非程序化决策。

(4)下属对决策的接受或赞许程度是不是有效执行决策的关键

是不是只有下属所接受的决策才能有效地执行？如果下属心里没有接受这个决策,但这个决策确实需要贯彻执行时,是否有相应的规章制度保障下属不能故意犯错？如果相应的规章制度不够完善,领导者一定要设法提高下属对决策的接受程度。只有下属接受决策,才会认真执行决策。

(5)领导者自行决策被下属接受的可能性

是否只有通过团体决策,下属才能够接受？如果领导者自行决策,是否肯定能为下属所接受？这需要领导者对自己的真实影响力(包括经验、权威、知识、水平、魅力、权力、人缘等多种因素)进行评估。简单地认为自己做出的决策只要没人反对,就是被普遍接受了,这对解决问题是有害无益的。

(6)下属对明确清晰的组织目标所表现出的积极程度

下属是否把解决工作问题所要达到的组织目标当做自己的目标？如果下属认为公事是公事,私事是私事——"公私分明",这肯定是不行的。领导者一定要设法将组织的目标转化为下属的目标,将组织的利益转化为集体的利益,毕竟"人们的一切奋斗都与他们的利益有关"。

3.决策究竟难在哪些地方

领导者最关键的任务就是做出正确的决策,但决策却不易。

那么,决策究竟难在哪些地方呢?

决策的第一个难点:环境多变。

人们很难全面了解一件事情,虽然我们特别希望有个客观的了解,希望对形势有一个比较全面的分析,但是我们所得的信息毕竟有限,即便是我们所处的客观环境,也仅仅是自己心目中的"客观"而已。

北大的教师说:"人们其实不是在纯粹的客观环境中行动,而是在特定的行为认知环境中行动的,而行为环境往往取决于行为者的心态和思维。"

北大经常讲这样一个案例:

一个骑士在夜行中迷路了,那天晚上正好有暴风雪,遍地白茫茫一片,所有的路、周边的山全是白的,他不知道哪里是路。于是,他骑着马,焦急但很无奈地寻找着合适的道路。突然,他发现前面远方有一点亮光,心里很高兴,就催马奔着亮光走去。他觉得走了很长的路,终于到了亮光前面,原来是旅馆门口挂着的一个灯笼。于是,他赶紧下马把雪抖落干净,兴奋地敲门。一位侍者开了门。

骑士忙着问:"先生,这是旅馆吧?"

开门的侍者说:"是的,是的。"接着,侍者问骑士:"您是从哪里过来的呀?"

骑士回答:"我就是从前面这条路走过来的呀。"

侍者当时脸色苍白、目瞪口呆,再次问道:"先生,您到底是从哪里来

的？"

骑士感到很奇怪，说："我不是告诉你了吗？就是从这条路刚刚走过来的，马蹄印还没完全被雪覆盖掉呢。"

侍者说："先生，您知道吗？您走过的根本不是一条路，而是一个湖，湖的直径是13千米。"

也就是说，骑士是从宽阔的湖面上一路骑马过来的。如果湖面上的冰薄一点，他整个人就掉进去了，连影子恐怕都找不着了。那里的湖水很深，冬天里根本没有人敢从结冰的湖面上走。

骑士听完，顿时倒在地上——死了。

骑士被吓死了——他被自己吓死了。

这个故事的典型意义在于，在许多环境下，人的行为不是在纯粹的客观环境中行动的，而是按照行动者心中自己认为的客观环境来行动的。如果这位骑士早知道那是一片水很深的湖面，他还敢那么毫无顾忌地走过来吗？

这就是做出正确决策的难点所在，因为在有限的时间和有限的条件下，领导者不可能将所有需要了解的事情全部了解清楚。

决策的第二个难点：决策者的选择很多，但是做决策的时间很有限。

不少著名企业的失败不是因为缺少资金，而是因为资金太多；不是缺少好的项目，而是好的项目太多；不是由于宏观环境对企业不利，而是太有利了，到了几乎要什么给什么的地步。结果是，其领导者让所有帮助他的人失望了，最后企业轰然垮台。如托普、科龙等，这些企业领导者面前的机会太多了，选择太多了。不管有再多的选择，你一次也只能选一个，而且没有充足的时间。

给你的选择虽然很多，但是时间却有限。

假如给这些决策者以充足的决策时间会如何？

等很多事情都看明白了再决策，那就根本不需要决策了。

我们总是在有限的时间内，对这些杂乱的、庞大的、不准确的信息做出

判断,结果可能失败,也可能成功。这就是选择的多样性和决策时间的有限性所形成的一对矛盾,阻碍了你做出正确的决策。

决策的第三个难点:我们手上的关键信息总是显得太少了。

相对于决策要求,我们手头所能掌握的关键信息总是显得比较少,这就是经济学中常说的信息不对称。

即使你手头有了一些很有价值的信息,但是很多情况下也是事后才发现其很有意义,这就很考验决策者对信息的分析能力。

信息太多或者信息太少,都是一种阻碍,决策需要丰富的经验和知识,而丰富的经验和知识都需要学习。我们经常讲"书到用时方恨少",社会在变化、时代在变化、情景在变化、情绪在变化,我们学习和提高的速度远远赶不上这些变化的速度。同时,在决策过程中,我们往往会犯一些类似甚至同样的错误。人们有时即使知道会犯类似的错误,可还是要重蹈覆辙。因为面临的诱惑太大,决策者往往忘记了当初的失误或失败,可谓"好了伤疤忘了疼"。

正是基于此,GE的前任CEO韦尔奇曾说:"作为一个刚入行的领导者,我最初做出的决策只有大约50%是正确的;但即使又过了20年,我认为自己做出的决策仍有20%是错误的。"

决策的第四个难点:决策时常常会受到情绪的支配。

北大的一些学者提出了一种思维方式,叫"黑天鹅思维"。

当人们在澳大利亚发现黑天鹅之前,大家的脑子里一直认为天鹅都是白的——后来才发现真的有黑天鹅存在。黑天鹅的出现告诉我们一个基本的道理:你不知道的事可能比你所知道的事更多。

所谓的"黑天鹅思维",是一种不确定思维,就因为不确定,所以领导者的决策才难。

当你进行决策时,那一时刻的情绪肯定会对你的决策造成一定的影响。

盛怒之下的刘备决定攻打吴国,结果被火烧连营而命丧白帝庙;狂热的希特勒被希腊激怒而转身南下,忘记了更重要的进攻目标——苏联;而我们的很多企业家也常常为情绪所支配,难逃情绪"黑洞"。

4.千万不能盲目乐观

自信给人勇气,使人做出大胆的决策。过分自信、盲目乐观则是自不量力,毁人毁己。

一次,一位富商想买一支球队。当时球队的要价特别高,而富商认为只要有钱什么都不用担心。过分自信迷惑了富商的视线,使他看不到球员的巨额薪金和日渐下降的电视收视率,他做这样的投资实在不如把钱放在银行里。然而还是有人在不断地下赌注,收购球队——过分自信使他们觉得自己承受得起这种昂贵的消费,他们相信风水会变,自己不会惨败。但结果是,他们往往一败涂地。

生意场上会时时传来各种好消息与坏消息。我们常因好消息而忽略了坏消息的存在。

为了把一种新型洗发香波投放市场,我们做了一个市场调查。调查结果显示,58%的消费者对这种洗发香波表示认可。这是一个令人鼓舞的数字,它说明超过一半的消费者会去购买这种产品。

不过,事情还有另一面,42%的消费者不喜欢这种香波,这又说明有将近一半的人会拒绝使用这种产品。人们往往只见到那58%,而看不见这42%。他们沉浸在"58%"所带来的喜悦之中,殊不知,如果他们再稍微关心一下那"42%",结局也许会更完美。

好消息就这样把你带入一种自满、自足的境地,它能削弱人的积极性、上进心。

有这样一位网球选手,经过多年苦练终于享有世界第七的排名。她能轻松地对付那些排名不如她的选手,却从来没有击败过任何排名在其前的选

手。在这样的事实面前,存在两种截然相反的态度。她可以认为自己排名世界第七,成千上万的网球选手都不可能与她同日而语;相反,她也可以加紧苦练,向排名第六位的选手发出挑战。

人一旦得到提升,有了个响当当的头衔,便会认为大功告成,可以松一口气了,因为他们得到了自己向往的薪金和地位。没有多少人会想到,如果加倍努力,也许会换来更大的成绩。

这种好消息带来的盲目乐观也会给公司经营带来不利。可如果得到的是坏消息,效果就截然不同了。

如有人组织一场体育比赛,计划获利5万美元,可实际结果却与设想大相径庭,主办者反而赔了5万美元。消息传开,上上下下为之动容。大家纷纷要求削减开支,裁减冗员,甚至一张纸也不敢轻易浪费。令人不解的是,为什么在有利可图的时候大家想不到节约,而非要等到火烧眉毛的时候才作"何必当初"的感慨呢?

一个成功的投资者或领导者绝对不会高估自己,他会三思而后行,绝对不会因为似是而非的好消息而盲目乐观。

5.墨守成规是决策的最大忌讳

生意场上最可怕的是认为万事不变:顾客不会变,他们会一如既往地购买自己的产品;委托人不会变,他们永远觉得自己真诚可信;竞争对手不会变,他们将永远停留在原来的实力水平上。

成功的企业家和领导者绝对不会有这种墨守成规的想法,他们知道敏锐的洞察力和快速的反应能力是事业成功的关键。尤其在当今这个政治、经

济飞速发展的时代,快速的应变能力尤为重要。

许多人在做出决策的时候往往只凭经验,不去想环境发生了什么变化。他们会凭几年前的失败经验告诉你:"老兄,5年前我就这么做了,根本行不通。"他们没有想到的是,5年后情况发生了变化,以前不适用的做法现在没准是恰逢其时。

还有一种人,他们死死抱住以前的规矩,不敢越雷池一步。他们顽固地认为:"这个方法5年前有效,现在当然还有用。"在他们眼里,世界是静止的。

二战后的一天,赫罗克与一名从纳粹集中营逃出来的罗马尼亚小伙子共进午餐——小伙子靠在纽约大都会剧院门口兜售演出纪念品为生,当时剧院正上演着名指挥家索尔·赫罗克指挥的芭蕾舞剧。

那是个五月的星期二,天气晴朗。演出票销售一空,小伙子的纪念品也全卖了出去。又过一个星期,还是星期二,天气依旧晴朗,剧院上演着同样的舞剧,演出票又销售一空。可这一次,演出纪念品却几乎一份也没兜售出去。

演出结束后,小伙子在剧院走廊上遇到赫罗克,他告诉赫罗克自己实在想不通原因。赫罗克的回答出乎意料的简单:"因为这是另一个星期二。"

因此,每当你做出新决策前,千万不要犯墨守成规的错误。不要以为你以前失败过,现在还会失败;也不要以为你以前成功过,现在就一定会成功。

6.决策心态:永远要面对放弃

鱼和熊掌不能兼得。很多情况下,领导者要学会放弃,必须做出选择——虽然这个过程很痛苦,有时也很无奈。因此西方思想家说:"只有知道如何停止的人,才知道如何加快速度。"

学会放弃是一种智慧。战略就是选择。"可能永远要面对放弃一些很重要的东西。"北大的讲师曾这样说决策,"这时有两个问题值得注意:一个是你当时的心态;另一个就是你的价值观。"

2007年10月,宝洁公司CEO雷富礼在公司成立170周年致全球员工的信中曾经这样描述宝洁在无数选择中对价值观的坚守:

"宝洁公司已经走过了170年,在全球50强的名单里,只有三家公司能如此历久弥新。我常常思索是什么使得宝洁在如此长的一段时间里保持持续增长。我确信,以下四点是宝洁成长的因素:

"我们以目标为驱动,以价值观为指引。我们的目标是美化每一天的生活。我们的价值观是正直、信任、领导力、责任感和主人翁精神。宝洁的目标及价值并非独一无二,也不是轰轰烈烈的,但在将近170多年的历史里,这些价值观保持着高度的一致,启迪了一代又一代的宝洁人……只要我们坚守公司的核心目标及价值观,我们乐于尝试一切改变。"

可见,企业选择往往是价值观在起作用。当我们以价值观为基础做决策的时候,即使会损失很多,我们的心里也是平静的。

登山者知道,真正的诀窍不是爬上山顶,而是安全地返回山下。当你在制定重大决策,尤其是有风险的决策时,你需要制定一个计划——保证一旦决策失败,你还有退路。

这也正是欧内斯特·沙克尔顿和罗伯特·福尔肯·斯科特在南极之旅中的区别。1909年,沙克尔顿穿越了离南极点156千米的地方,如果他继续前行,他应该是走到最南边的人,并有可能成为第一位登上南极点的人。沙克尔顿本来是可以的,但他知道那样做,他就不能带领全体队员安全返回了,因为他看到很多队员已经饱受严寒折磨,他们的食物也不够了。于是沙克尔顿做出了一个艰难的决定:原路返回。这样,沙克尔顿和所有的队员都安全地返回了驻地。

斯科特在1912年1月9日,也就是沙克尔顿到达南极三年之后,站在了相同的地点,但斯科特决定继续向南极点进发。事实上,在早些时候的行进中,斯科特的马队和动力拖拉机都出现了故障,全体队员被迫用人力来拉雪橇。他们终于到达了南极点,但整个团队却在返回的时候全部遇难了。

同样,拿破仑下令攻打俄国也是一个错误。由于拿破仑把战线拉得太长,后勤补给又跟不上,他的军队根本无法抵挡勇敢且防守严密的俄国军队和严寒的自然环境。希特勒没有从拿破仑的失败中汲取教训,重复了相同的错误。当面对失败的时候,他们是否认真地考虑过什么地方出了差错,怎样才有可能挽回呢?

怎样做才能给自己留有退路?首先要专心,这样你才能够及时认识到决策没有达到的预期效果。这个决策背后的假设条件是什么?这些假设是否被后来的反馈证明是错误的?如果你能够准确识别这些假设,你就可以明确什么时候这些假设不再适用。

一种给自己留有退路的方法是:在你做决策的时候给失误留有一个回旋的余地。

如果决策没有达到预期的效果,那么给失误留有余地,也能让你更快地改正过来,或者说能让你活下来。在考虑任何决策的时候,先问一问自己哪些环节可能会出差错?你有什么应对措施?你有"B计划"或者"C计划"吗?你考虑过各种可能的方案吗?在你的决策中,怎样才能给失误留有回旋的余地呢?你有从南极点安全返回的通路吗?

关于心态,我们不喜欢失去东西,这只是出于我们的人性。从失去我们的第一颗牙齿,失去家里的宠物,输掉篮球赛那一刻起,我们就体会到了失去的伤痛——我们不喜欢放弃金钱或者其他东西。这就不难解释为何有那么多公司因为收购时支付过多费用而倒闭了。我们痛恨失去,而这种厌恶损失的情绪会以一些特定的方式来影响我们的决策。

曾经有一项针对这种心理的研究。给其中的一半实验者每人一只杯子,然后要求他们把手中的这只杯子卖给另一半实验者。这些杯子只是一些普通的杯子,没有特别之处。但是不愿意失去东西的意愿是如此强烈,导致那些已经得到杯子的人比没有得到杯子的人更看重这些杯子。没有杯子的实验者只知道花费25美元就可以得到一只杯子,而那些已经拥有杯子的实验者则希望每只杯子能挣到7美元时再出手。

选择很难才叫决策,如果很容易就谈不上决策。所以领导者一定要学会把最重要的事放在前面做,不重要的事放在后面做,但如果是更容易做的事,还可以安排在更后面,根本不需要你决断,只要有理性就可以了。现实往往不是你按部就班就能做得很好的,而是你选择某样东西的时候,注定会失去另一样东西。

7.决策的"6字箴言"

决策的过程一般包括六个字:止、定、静、安、虑、得。

止:是知止,就是知道应该采取怎样的立场才是合理的。一切"为公不为私"是思考的出发点,应该是合理的选择。"止"可以看作是决策的选择目标。

定:就是讲决策以正大为目标,有意志就会有定向。如管理者站在正大

光明的立场，就会有定见。

静：依据决策者所秉持的定向，潜心研究相关的信息，心不妄动，自然能静。面对纷繁复杂的信息，决策者如果缺乏定向，势必心慌意乱，无法潜心研究，不知道如何选择正确、有用的信息。当然，定向有偏差，心情不能静下来，也是一种警示的信号，必须自己妥为调整，务求心安，才知定向无误。"静"才能寻找到一些可替代性的方案。

安、虑：即能"心不妄动而潜心研究"，那么无论决策者坐、卧、行、立，都能详思熟虑各种信息的必要性和正确性，所以能"安"。决策者心安，不会因紧张不安做出错误判断；决策者能安，必能思考得精微详尽。这样精密、详尽的思虑，必然可以获得合理满意的决策，即为能"得"。"安"是多方面搜集有关的资料；"虑"是分析和判断。

得：即获得合理的决策。当然能够在此一阶段中"止于至善"，然后再依据变化，寻找下一阶段的决策，以便做好阶段性调整。

在中国古书《礼记·大学》中，也是这样说的："知止而后有定，定而后能静，静而后能安，安而后能虑，虑而后能得。物有本末，事有终始，知所先后，则近道矣。"当领导者获得合理的决策，则一切事物的本末终始无不了然。这时可以按照轻重缓急，制订计划，顺序执行，适时考核，调整误差，寻求满意的效果。

8.必须知道并加以防范的决策障碍

钢铁业巨头肯·埃佛森有过一段精辟的论述："从哈佛取得工商管理硕士可以说是不错的了，可是他们所做的决策有40%都是错误的。最糟糕的领

导者做出的决断则有60%是错误的。"在埃佛森看来,"最好的"和"最糟的"之间只有20%的差距。

不论从事什么行业,都必须凭借完善的管理才能使组织不断发展,而不良的经营管理则是企业的致命弱点。领导者必须知道并加以防范一些潜伏的障碍。

容易使人产生错误而被误导的情形主要有以下几种:

(1)情况不明

有位经理从不认为与之打过交道的人都要记住自己的名字。每当与人第二次见面时,如发现对方已记不起自己时,总是主动上前自我介绍,以避免重提过去的事而使人感到难堪。

类似情况时常在商务谈判中出现,有人因为初次见面的拘谨而不好意思将自己不清楚的地方提出来,就参加谈判,甚至不认真思考就匆忙决策,而没有仔细反省一下,这样妥当吗?

(2)真理并非在多数人手中

靠多数人的意见来决策并不能保证决策完全正确。在讨论中,坐在会议室的人都讲同样的话并不是件好事。这里面必然有其他因素作怪。当领导者讲完或同仁发言时,迫于领导者的威严或不愿与同仁争执而伤和气,不少人总是予以附和,讲出雷同或不痛不痒的意见。这往往会使会议主持者和决策人难以了解真实情况,靠此做出决定,自然会脱离实际。

这种"随大流"的思想,不过是犯了"多数人的想法不会错"这种认识上的错误。正确的做法是,认真听取大家的意见后,经过论证和思考,等人都走后,自己再做决定。

(3)别为美妙的饰言迷惑

有两个投资合作项目,一个成功的机会是80%,另一个有20%失败的可能,你选哪一个呢?实际上这两个项目成功与失败的机遇对等,只不过前者只提成功,后者强调了失败。但常理中,多数人总会选中前者,原因很简单,"成功"这个字眼让人听着顺耳,使人兴奋。精明的销售员会用自己的口才去

向顾客描述其产品优质、齐备的功能,以讲"好"来推销;但聪明的顾客将不会为这种表面现象和技巧所诱惑,他会根据多方面的观察做出自己买与不买的决定。

(4)不过分迷信经验

许多商人总爱用老办法来处理新问题。实际上,你过去的辉煌已变为历史,不一定就适合当前已经变化了的世界,何况从来就没有常胜的将军。如果你仍用以前的条条框框来指导目前的生意,期望从中找到共同之处,那只会使你失去更多认识新事物,把握其特殊性的机会。因此,正确的原则是:过去的经验是成功的总结,但并不一定就是包治百病的"灵丹妙药"。

(5)不忽略基础数字

当领导者都有这样的体会,与基层的职工在一起交朋友,会使你得到更多在高级职员中听不到的信息。真正准确的报表应该是来自各个车间工段。有不少的经理,却往往忽视了报表的作用,对来自各方的信息和数字,只要与自己的主张对路,就认为业务上没问题了,而不愿多下些工夫去挖掘更深一层的情报资料。

例如,总经理问销售经理:"这个月汽车销售情况如何。"销售经理回答:"行情不错,已有50辆车被客户预订了。"如果销售经理掌握的信息更多,就会汇报说:这个销售量与上个月或与去年同期相比情况怎样,与竞争对手比较又是如何;从50辆车的选型看,哪种品牌,哪种价格的车的行情不错,我们应采取哪种促销手段就能卖出更多数量的车,等等。这些情况,对每一个承担推销任务的人来说,都应该经常掌握。

9.善于发挥团队决策效益

　　很多时候决策的形成不是只由个人能决定的，而必须采纳团队成员的意见。不过常常发生的情况是，花了太多的时间，却没有达成任何的结果。领导者必须视情况的不同，采取最有效的决策形式，激发最多的创意。

　　鲍勃·鲁宾是克林顿政府经济决策的关键性人物。克林顿总统把鲍勃·鲁宾当做他经济领域的栋梁之才，给予其足够的信任。鲍勃·鲁宾是一个沉稳的人，他尽可能不引起别人对自己的注意。他总能够把各项经济政策的制定综合起来加以分析，提出明智的建议。

　　鲍勃·鲁宾是经济学领域首屈一指的知名的专家，而克林顿也是一个极其聪明的学生，他很快便具有了对经济问题做出明智判断的能力。克林顿刚上任时，对一些经济问题并不了解，他就一路学过来。尽管学习的进程是杂乱无章的，但每到危急关头，他总是可以做出决断，而且往往其决断总是非常的正确。

　　在说服克林顿接受削减预算的重要计划时，鲍勃·鲁宾说服克林顿严格遵守《北美自由贸易区协议》，尊重联邦储备局的独立性，同时他还建议克林顿给予墨西哥经济上的帮助。后来，在20世纪90年代的中期和末期，当亚洲金融风暴席卷而来时，鲍勃·鲁宾还促使克林顿政府给予相应的帮助。

　　1993年，克林顿经常私下透露说艾伦·格林斯潘把利率控制得过紧——企图通过大众媒体来谴责格林斯潘的行为。但鲍勃·鲁宾却站在椭圆形总统办公室里——克林顿的桌前对他解释说："总统的言论只能激起美联储主席强烈的自尊，反而会导致利率更加大幅上扬。"克林顿冷静地考虑了一下，把

他对联邦储备局的不满强压在心里。在以后的日子里,克林顿尊重格林斯潘主席的各项决定,并再次任命他主席之职。

在这些人的帮助下,克林顿政府的经济极大的繁荣。

克林顿的成功来自于他是一个集大成者，他从周围人可提供汲取的信息中,挑选出对他有所帮助的,并重新将其编汇融合在一起,最终形成一个新的、富有机智与创意的完整体系。

克林顿很善于听取各方面的意见,他精选其中的最佳方案,并把这些观点融合在一起,形成唯一的大众方针,促使整个政府经济进程向前迈出更大的一步。

那些杰出的领袖,绝大多数都懂得运用演说来鼓舞听众。如果你自己无法写出动人的演讲辞,不妨找人代笔——切记要找一流的行家。罗斯福总统用过诗人麦克利施、剧作家雪伍德,以及罗森门,这就足以说明为何他的演说比历任的每一位总统都来得精彩动人。

领袖人物中面讲过最睿智的话的是蒙哥马利,他曾说:"领袖必须是深具感染力的乐观主义者,面临困难时具有坚韧不拔的决心。甚至当他自己也不太确定事情会发生何种后果时,还能散发出十足的信心。"

(1)平均所有人的意见,由负责人或领袖做最后的决定

由领导人一一询问每一个人的意见,集思广益,最后找出解决之道。如果无法立即集合所有人开会,这会是个不错的方法;但缺点是,团队成员缺乏互动,而且成员并没有真正参与决策过程,对决策的承诺度偏低。

应该由每一个人分别提出自己的想法，然后针对每一个想法或是提议相互讨论,由最高负责人或是领袖做最后的决定。这种方式的好处是经过充分的讨论,可以让决策更为准确,但有可能发生成员彼此之间相互竞争、突显自我意见的情况,而且,团队成员通常会说出领袖想听的意见。

(2)少数原则

由团队的少数人,例如不超过团队总人数的一半,由他们做出决定,像主管级会议就是属于此种方式。有时候如果需要决定的事项很多,而时间又

不够,可以考虑采用这种方式。

(3)多数原则

这是一般最常见的决策形式。所有人共同参与讨论,当一半以上的成员达成共识时,便结束讨论。因此,如果没有足够的时间让所有人达成共识,执行决策时又需要多数团队成员的支持,便可以采用这种方式。

(4)所有人达成共识

通过有效的沟通过程,达成集体的共识。这是最有效的集体决策方法,不仅所有人都能表达自己的想法与感受,而且每个人的意见都能被充分的尊重,其最大的缺点是非常耗费时间。

团队决策最重要的目的之一,就是希望透过彼此的脑力激荡,每个人尽可能想出最多的点子,这样就可以找出最好的方法。但是相信多数人都同意,很多时候整个过程常常令人痛苦不堪,而且成效不大。

领袖要善于调动大家的积极性,运用大家的力量进行决策;同时,也要注意倾听不同的意见,激发大家的想象力,充分发挥组织团体全部成员的智慧与潜能。可以利用组合出新意、联想出新意、理解出新意等创造学的原理,鼓励参与决策者敞开思想、畅所欲言,让他们彼此间相互激励、相互启发。

10.测试自己的决策力

那么,想成为领导者的你是否具有决策力呢?身为领导者的你是否又是一个优秀的领导者呢?做完下面的测试你就会知道了。

测试开始

1.你的分析能力如何?

A.我喜欢通盘考虑,不喜欢在细节上考虑太多

B.我喜欢先做好计划,然后根据计划行事

C.认真考虑每件事,尽可能地延迟应答

2.你能迅速地做出决定吗?

A.我能迅速地做出决定,而且不后悔

B.我需要时间,不过我最后一定能做出决定

C.我需要慢慢来,如果不这样的话,我通常会把事情搞得一团糟

3.进行一项艰难的决策时,你有多高的热情?

A.我做好了一切准备,无论结果怎样,我都可以接受

B.如果是必须的,我会做,但我并不欣赏这一过程

C.一般情况下,我都会避免这种情况,我认为最终都会有结果的

4.你有多恋旧?

A.买了新衣服,就会捐出旧衣服

B.旧衣服有感情价值,我会保留一部分

C.我还有高中时代的衣服,我会保留一切

5.如果出现问题,你会:

A.立即道歉,并承担责任

B.找借口,说是失控了

C.责怪别人,说主意不是我出的

6.如果你的决定遭到了大家的反对,你的感觉如何?

A.我知道如何捍卫自己的观点,而且通常我依然可以和他们做朋友

B.首先我会试图维持大家之间的和平状态,并希望他们能理解

C.这种情况下,我通常会听别人的

7.在别人眼里你是一个乐观的人吗?

A.朋友叫我"拉拉队长",他们很依赖我

B.我努力做到乐观,不过有时候,我还是很悲观

C.我的角色通常是"恶魔鼓吹者",我很现实

8.你喜欢冒险吗？

A.我喜欢冒险,这是生活中比较有意义的事

B.我喜欢偶尔冒冒险,不过我需要好好考虑一下

C.不能确定,如果没有必要,我为什么要冒险呢

9.你有多独立？

A.我不在乎一个人住,我喜欢自己做决定

B.我更喜欢和别人一起住,我乐于做出让步

C.我的配偶做大部分的决定,我不喜欢参与

10.让自己符合别人的期望,对你来讲有多重要？

A.不是很重要,我首先要对自己负责

B.通常我会努力满足他们,不过我也有自己的底线

C.非常重要,我不能贸然失去与他们的合作

计分标准

选A得10分,选B得5分,选C得1分,最后计算总分。

测试结果

24分以下:差。你现在的决策方式将导致你"分析性瘫痪",这种方式对你的职场开拓来讲是一种障碍。你需要改进的地方可能有下列几个方面:太喜欢取悦别人、分析性过强、依赖别人、因为恐惧而退却、因为障碍而放弃、害怕失败、害怕冒险、无力对后果负责。测试中,选项A代表了一个有效的决策者所需要的技巧和行为。做一张表,列出改进你决策方式的办法,同时,考虑阅读一些有关决策方式的书籍或咨询专业顾问。

25~49分:中下。你的决策方式可能比较缓慢,而且会影响到你的职场开拓。你需要改进的地方可能是下列一个或几个方面:太在意别人的看法和想法、把注意力集中于别人的观点之上、做决策时畏畏缩缩、不敢对后果负责。这样的话,就需要你调整自己的心态,并做一张表,列出改进你决策方式的办法。

50~74分:一般。你有潜力成为一个好的决策者,不过你存在一些需要克

服的弱点。你可能太喜欢取悦别人,或者你的分析性太强;也可能你过于依赖别人,有时还会因为恐惧而止步不前。要确定自己到底在哪些方面需要改进,你可以重新看题目,把你的答案和选项A进行对照,因为选项A代表了一个有效的决策者所需要的技巧和行为。做一张表,列出改进你决策方式的办法。

75~99分:不错。你是个十分有效率的决策者。虽然有时你可能会遇到思想上的障碍,从而减缓你前进的步伐,但是你有足够的精神力量继续前进,并为你的生活带来变化。不过,在前进的道路上,你要随时警惕障碍的出现。充分发挥你的力量,这种力量会决定一切。

总分100:很棒。完美的分数!你的决策方式对你的职场开拓是一笔真正的财富。

第二课

执 行 到 位

——好的执行力能弥补决策的不足

北大讲师说,一个好的执行部门能够弥补决策方案的不足,而一个再完美的决策方案,也会死在滞后的执行部门手中。从这个意义上说,执行力是企业管理成败的关键。

1.好领导不仅要制定策略，更要具备相当的执行力

发展速度要加快，规模要扩大，管理要提升，除了要有好的决策班子、好的发展战略、好的管理体系外，更重要的是要有执行力。

执行力，就是企业中间层理解并组织实施的能力。相对于决策层定位于"做正确的事"来说，作为执行层的经理人的定位应该是"正确地做事"；相对于操作层员工"做事正确"的定位来说，作为执行员的经理人的定位应该是"做正确的事"。

一句话：中层经理人既是执行者，又是领导者。他们的作用发挥得好，是高层联系基层的一座桥梁；发挥得不好，是横在高层与基层之间的一堵墙。

企业决策层对各种方案的认可，需要得到中层的严格执行和组织实施。如果企业全体中层队伍的执行力很弱，与决策方案无法相匹配，那么，企业的各种方案是无法成功实施的。

很多领导者都乐于布置任务，做决定，但真正执行有效的领导者，都擅长使布置下去的任务和做出的决定得以执行。要改善执行部门的执行力，就要把工作重点放在这个部门的领导者身上。

对执行，我们常常存在以下误解：

误解一：企业执行力低是因为员工的执行能力低。

很多主管习惯性地停留在对员工执行能力的关注上，认为员工个体的执行能力低下，带来企业执行力的低下，并没有去思考员工执行力低下的真正原因。其实，员工执行力低下，80%的原因是由于管理不到位或者整个企业的执行系统有问题。

误解二：执行力是一种技巧，只要短期内抓一下就可以。

很多主管把执行力建设当成短期的工作，没有当做重要问题来抓，也没有长期建设的计划，因此导致执行的效果时好时坏，下属的执行能力也得不到提升。

误解三：重视结果，不重视过程管理。

很多主管把任务分给员工之后，就啥事不管，反正你给我结果就行，我不在乎你的过程。

误解四：让下属去执行，但执行什么却并不明确。

有些主管在给下属分配任务时，没有明确的量化要求，或者没有过程的跟踪和辅导，最后导致员工无法获取完整的信息，没有方向感；同时管理层也无法获取一线员工的动态，造成企业内部沟通协调的脱节，导致大量的时间和精力消耗在沟通的层面，自然导致执行力低下。

上面这4种认识都会造成整个部门执行力的低下。实际上，在整个执行系统中，主管才是关键。

如果某一管理者认为从事管理工作不需要执行力，所谓执行就是下达命令后由下属去实施的话，那么说明这个管理者角色定位有问题。企业要培养执行力，应把工作重点放在各层管理者身上。管理者的执行力能够弥补策略的不足，而一个再完美的策略，也会死在没有执行力的管理者手中。

为了更好地实现企业经营目标，我们就必须反思管理者的角色定位——管理者应该不仅仅会制定策略，还应该具备相当的执行力。

海尔集团的张瑞敏忍痛亲自抡起铁锤，砸烂了76台质量不合格的冰箱；奥康集团王振滔当着员工的面亲手剪掉数千双不合格的高档皮鞋。这些举动，传达的并不是他们要求自己的属下把所有的不合格品全部砸掉，而是通过此事教育员工：要么不干，要干就要争第一，质量问题决不可轻视，不合格品就是废品。

在1995年5月25日的业绩发布会上，柳传志曾指出，联想要做长期的公司，要踏踏实实把公司业绩做好，不给投资者"造梦"。1995年，香港联想公司

大亏损,柳传志并没有因此拖延业绩公布的时间,而是提早采取行动,发出业绩警示通告,按时向投资者和股民说明情况,如实地说明公司的现状和未来的发展战略,以及对决策层的调整。联想的股价在这一阶段虽然有大幅度的下跌,但联想的信誉却得到了空前的加强。在联想业绩回升的时候,这些"信誉"给了联想极大的支持。1998年4月16日,联想在香港股市上配售15亿股,只在下订单后的两小时内,就超额认购了4倍。

由此可见,一个具有优秀执行力的公司,无不是上到企业领导、部门主管,下到员工都具有超常的执行力的,而且领导、主管的执行力更起着关键性的作用:一方面企业大的决策、管理要靠他们去落实,而这些都是关系到企业生死存亡的大问题;另一方面,领导、主管的执行力具有示范作用,能够影响下面的员工。

2.企业执行力的三个核心流程

企业执行力不强的表现包括:在决策层前说的话拥有相当的分量,使已有决策方案发生"自我取舍"现象;虽然具有足够的工作经验和热情,有令人佩服的企业利益立场,但是在执行方案时缺乏应变操控原则的认知和把握;尽管是尽心尽力,但由于缺乏实施方案中人事之间清晰的操作界面,时有大失水准之处……

具体表现在以下三个"度"上:

第一是高度,企业的决策方案在执行的过程当中,标准渐渐降低甚至完全走样,越到后面离原来的标准越远;

第二是速度,企业的计划在执行的过程当中,经常延误,有些工作甚至

不了了之,严重影响了计划的执行速度;

第三是力度,企业制定的一些政策在执行的过程当中,力度越来越小,许多工作做得虎头蛇尾,没有成效。

北大告诉我们,执行力的三个核心流程是:人员流程、策略流程、营运流程。

人员流程

比策略流程、营运流程来得重要。人员流程有三个目标,首先是精准而深入地评量每个员工;其次是提供鉴别与培养领袖的架构,以配合组织未来执行策略的需要;第三则是充实领导人才储备管道,以作为健全接班计划的基础。

策略流程

这是对策略如何执行的问题。策略不是文字及数字的堆积,而应是一项行动方案,可供企业领袖具体达成目标。一个健全的策略,除了企业常用的"SWOT(强势、弱势、机会、威胁)"之外,还要兼顾组织是否具备执行的能力,是否兼顾长短期的均衡发展,是否在继续经营的基础上追求获利。

营运流程

这是将策略转换为营运计划的过程,即在短期内(通常是一年)完成各项方案,以期达到企业销售、获利的既定目标。

在追求执行力的努力中,最重要的是人员流程、策略流程、营运流程如何连接的问题,这也构成了执行力的核心。也就是说,策略流程设定出组织行进的方向;人员流程则决定哪些人参与;营运流程则是为这些人指明执行的途径,并将长期目标切割成短期目标,予以付诸实现。因此,三个流程整合与运转的情况,决定着执行力的高低。

一些组织的执行力出了问题,会导致政策空转。从以上的分析可以看出,若缺乏流程的整合与连接,可导致中央与地方不同调、行政部门与立法部门互相虚耗、国家竞争力下降等。如果美好的愿景与强而有力的执行能力相互呼应,则组织与国家都可以培养坚实力量,达成长期发展目标。

3.影响执行力的工作方式与习惯

个人的执行力取决于其本人是否有良好的工作方式与习惯，是否熟练掌握管人与管事的相关管理工具，是否有正确的工作思路与方法，是否具有执行力的管理风格与性格特质等。

(1)个性化的工作方式与习惯(如何管好自己的工作)

优秀的领导者不会像"奴隶"一样工作，而是更聪明、更灵活、更有效地工作，系统的、讲究方法的工作是把能力转化为结果和成就的关键。其工作方法也是个性化的。

(2)时间与日程管理

一个优秀的领导者会围绕自己的主体业务编排月工作计划 (日程)、周工作计划(日程)与日工作计划(日程)；他们总是能很好地区分事情的轻重缓急，并依自己时间的多少来安排工作日程：依"重要且紧急——重要但不急——不重要但较急——不重要也不急"进行排序，从而让真正重要的事情得到较好的处理。

(3)授权与任务管理

明白什么事情必须自己处理，什么事情应交由下属去处理，而自己只负责跟踪监督；有效的管理者还有一个特征是从来都不会轻易帮下属"做事"——应该下属自己完成的(下属职责范围内的，经其本人思考和努力可以达成的工作)一定要让其自己完成，从而让自己有更多的时间处理重要的事情，不至于因自己工作的延误而耽误其他工作，使整个部门陷入恶性循环中。

(4)抗干扰管理

能"善待"电话、手机、E-mail，能有效运用它们，但又不会让它们轻易干

扰自己的工作,更不会成为它们的"奴隶",特别是自己在开会、在写方案等时,不会让其干扰会场、打断自己的思路等。

(5)会议与报告管理

善于利用会议与工作报告来布置工作,了解情况,并且从不开无效会议和看无效报告。开会前,能做好会前准备;开会时,能控制会议时间、进程、气氛,能得出结论:什么问题、怎么解决、由谁负责、什么时候完成;会后会进行跟踪或要求及时反馈问题与情况。一个优秀的领导者会要求所有报告与报表文件都应简洁明了(易看)、清楚准确(可信)、生动形象(易记)。

(6)备忘录

随身携带一本轻便的备忘录,随时把看到、听到、想到、接到的问题记录下来,然后依轻重缓急编排到工作日程里面去,从而把工作做得井井有条、疏而不漏。

(7)记忆系统

把自己的工作场所、文件资料、电子文件整理得井井有条,随时可以快速取出;能把自己的经验、灵感、心得随时写到活页文件夹中归类保存,随时提取参考。

(8)助理或秘书的运用

能充分运用好自己的助手去进行工作跟踪、专案调查、工作稽查、搜集整理信息、传达信息指令、文件资料整理等。

(9)检查清单

针对那些有重复性和规律性的工作,分别设计完整的程序清单,到再次做这件事时,则拿出清单"按部就班",从而提高工作效率。如:出差时用品清单、招聘时注意事项清单、现场巡查时检查清单等。

所采取一切聪明有效办法的目的只有一个——提高自身的工作效率的同时,节省出尽可能多的时间处理那"20%重要的事情",从而把这些关键事务处理得更好。

4.提升执行力三步骤

北大讲师告诉我们,执行力的关键在于集中权力,就是缔造一个由其信任的属下牢牢控制的组织管理基层,在法律所容许的范围内把自己的权力扩张到最大限度。

比如克林顿,他总喜欢与内阁幕僚们商讨政策,集思广益——大家常常吵成一锅粥。而共和党的总统,如里根和布什,都超然于内阁之上,注重个人的领异魅力,要求手下执行自己的政策。执行力不是简单的战术,而是一套通过提出问题、分析问题、采取行动解决问题来实现目标的系统流程。这两种风格,很难说孰优孰劣,很大程度上要取决于领袖的个人素质。

执行力,不关乎职务地位,也不是少数人具有的特权专利,而是一种积极互动、目的明确的动力。领导要提升自己的执行能力,需要一步一个脚印地走过一段挑战的旅程。

具体有以下三步骤:

首先,掌握自我领导的艺术

自我领导包括一系列为提供个人目标和自我奖励而设计的、涉及行为和认识两大方面的战略内容。注重行为的战略内容包括:自我建立目标、自我监督、自我奖励及积极的自我批评;有了这些,自己还需加以实践或练习。注重认识的战略内容包括通过各种更具个人激励特色的方法去履行职责的自我工作设计方案。

完成一件事,方法有多种,其中有些方法更需要个人的自觉性,因此也更有效;这些方法适应每一个具有个性的人,并能使这些人变得比他人更好。其他有关认识的战略内容包括:树立个人的信心与责任心;树立个人的

形象；经常进行"自我交谈"。

员工会看着那些身居要职的领导人员的一举一动。所以，重要的是领导者通过实际行动向员工表明其所作所为是符合他们的愿望的。在处理事务的过程中，重要的是当事人的信誉与积极性。那些被大家认为信誉良好、待人真诚、业务能力强，而且能够通过行动公开、明确表达工作热情、富有革新精神及具自我领导能力的领导者，往往也拥有与其品质相同的员工。毕竟，百说不如一干。那些能够制定有效的自律战略计划、能够在本职工作中体现自己的志趣与特长而且养成积极思考习惯的自我导向和自我激励的领导者，能够成为也应该成为其员工学习的光辉榜样。

其次，取得成效的关键是做对事

只是将事做好是不够的，取得成效的关键是做对事。中层执行的目的，是帮助员工制定他们自己的目标，以使他们获取更大的业绩，进而完成团队的目标。要善于提拔那些努力使自己的目标令他人满意的目标导向型员工。这些目标既包括立竿见影的短期目标，也包括相当长期的工作与职业目标。一般来说，自定的目标对那些在完成任务之余还想挑战自己的人来说将产生更大的帮助作用。

再次，协调众多独立的创造性力量

作为领导，要帮助组织协调众多独立的创造性力量，其中有些协调是通过团队的努力得以完成的。鼓励员工在完成任务和充分促进个人成长、发展的过程中一起工作，相互帮助；鼓励员工不把自己看作是个体，而看作是整个组织的基本组成元素。通过鼓舞、奖励及引导等方法，帮助许多成长中的员工找到力量的源泉，使员工彼此间成为相互鼓励与相互鞭策的对象。

5.打破执行力的三种障碍

执行力不是某项单一素质的突显,而是多种素质的结合与表现,它体现为一种总揽全局、深谋远虑的业务洞察力;一种不拘一格的突破性思维方式;一种"设定目标,坚定不移"的态度;一种雷厉风行、快速行动的管理风格;一种勇挑重担、敢于承担风险的工作作风。

执行力也是组织和企业最终目标达成的因素。

要培养良好的执行力,必须打破三种障碍。

(1)自我

自我这一障碍使我们相信自己完全了解自己;它使我们不愿或懒得向别人学习,甚至不愿或懒得从自己的错误中汲取教训。自我是我们性格的一部分,它使我们动辄责备他人,而不去检查自己在解决具体问题的过程中究竟做了什么工作。它同样能使我们以缺乏某种能力为借口而原谅自己,而这种宽容自己的态度会降低我们对学习以及对改变自己生活和周围环境质量的信心,并使我们由此而养成遇事推卸责任的不良习性。具有积极影响力的领导者懂得如何管束自我,并懂得如何去追求自己的目标而不为狭隘的自我所支配。这些领导者对如何管理他人的自我也有一定的心得。

(2)恐惧

恐惧是一种胆怯、麻木的心态,它迫使我们谨小慎微,畏缩不前,而只等别人付之行动。恐惧使得我们无力行动,而任凭一生的时光如水流逝。由于胆小怕事,我们缩手缩脚,不敢实施我们的宿愿,而只能做些不值得我们去做的琐事。真正的领导者也会有"害怕"之感,但他们敢于实现自己的抱

负;他们常常将害怕当作一种使自己保持谦虚和不放纵自己的原动力。对这些领导者而言,"害怕"成了一种积极有效的因素,而不是一种消极束缚的因素。

(3)焦躁

焦躁意味着我们不愿意致力于各种事项的进展过程,不愿意为推进这些事项的发展而创造各种条件,而只想急于求成。但要想取得成果,就必须付出时间和努力。急于求成只能毁掉或损害我们想要获取的成果。由于各种成果并非一蹴而就,所以焦躁往往会使各种正在实施的项目中途夭折。

6.最好的执行者,都是自动自发的人

北大的教学经验告诉人们,最好的执行者,都是自动自发的人,他们确信自己有能力完成任务。这样的人,他们的个人价值和自尊是发自内心的,而不是来自他人。也就是说,他们不是凭一时冲动做事,也不是只为了长官的称赞,而是自动自发地、不断地追求完美。

一位心理学家在研究过程中,为了实地了解人们对同一件事情在心理上所反映出来的个体差异,来到一所正在建筑中的大教堂,对现场忙碌的敲石工人进行访问。

心理学家分别问三位工人,他们在做什么。

第一位工人没好气地回答:"在做什么?你没看到吗?我正在用这个重得要命的铁锤来敲碎这些该死的石头。我的手酸麻不已,这真不是人干的工作。"

第二位工人无奈地答道:"为了每天500美元的工资,我才会做这件工作;若不是为了一家人的温饱,谁愿意干这份敲石头的粗活。"

第三位工人在回答时,眼光中闪烁着喜悦的神采,说:"我正参与兴建这座雄伟华丽的大教堂。教堂落成之后,这里可以容纳许多人来礼拜。虽然敲石头的工作并不轻松,但当我想到将来会有无数的人来到这儿再次接受上帝的爱,心中便常为这份工作献上感恩。"

同样的工作,同样的环境,三位工人却有如此截然不同的感受。

在第三位工人的身上,你看不到丝毫抱怨和不耐烦的痕迹;相反,你会感觉到他是具有高度责任感和创造力的人,他充分享受着工作的乐趣和荣誉,同时,因为他的努力工作,工作也带给了他足够的荣誉。个人价值和自尊是发自内心的,而不是来自他人。自入学开始,北大就开始反复地在学生头脑中灌输这样的观念,希望能让学生学会自我奖励、自我肯定。

从北大走出去的每一位学员,也会把这种观念带到他所在的组织中去。只有让组织中的每一位成员都有这样自动自发的念头,组织的执行力才能更好地贯彻下去。

7.务实的态度是执行力的先决条件

领袖要确实了解组织及成员,不能与现实脱节。因为领袖常常是靠着部属所提供的资料在做研判,而这些资料常会受限于提供者的理解与判断,让领袖无法得知真相。

所以聪明的领袖会设法寻求信息管道的多元性,同时正视现实,不会只想听好消息或掩饰错误。这种务实的态度,是执行力的先决条件。

制定计划

在北大教育中,注重培养学生的计划性。执行任何任务都要制定计划,把各项任务按照轻、重、缓、急列出计划表,一一分配给部属来承担,自己看头看尾即可。把眼光放在部门未来的发展上,不断理清明天、后天、下周、下月甚至明年的计划。在计划的实施及检讨时,要预先掌握关键性问题,不能因琐碎的工作而影响了应该做的重要工作。要清楚做好20%的重要工作,这就等于创造了80%的业绩。因此要用80%的时间解决20%重要的工作,用20%的时间来处理琐事,我们应依这个原则来安排自己的日程。同时给下属安排工作要有明确的时间表,要有开始时间、完成时间以及阶段性进度。否则世界上永远都有完不成的任务。

提升执行力,首先从有计划地执行开始。先设定明确的目标,并确定优先级,逐一执行,而不是贪心地推动太多的计划。重点不能太多,否则会分散焦点,届时一事无成。当然,领袖必须追踪计划的执行,并对做出成绩的员工论功行赏,让绩效与报酬的正比关系突显出来;同时,领袖也要建立经验传承的企业文化;优秀的领袖更会利用机会来激励员工,会透过强力的对话,让大家公开、坦诚,建立共识与承诺,并共同为结果负担责任。

提出方案

在安排或布置工作时,只提出任务或问题是不够的,还需要提出解决方案。解决方案可视工作或问题的性质、难易程度等,由上司提出、由执行者自行提出或相关人员一起研讨提出。有歧义或自己想当然地认为下属已理解,后果是严重的。

作为下属,在做任何一件事之前,一定要先弄清楚上司希望你怎么做,然后再以此为目标来把握做事的方向。这一点很重要,千万不要一知半解就开始埋头苦干,到头来力没少出,活没干少,但结果却事倍功半,甚至前功尽弃。要清楚,悟透一件事,胜过草率做十件事,并且会事半功倍。所以,下属在行动之前一定要确认上司是不是这个意思;作为领袖,

也要确认,下属理解的是不是这么回事。得到确认之后再去执行,会减少很多偏差。

做出承诺

首先下属是否明确目标(任务或问题)与进度要求;其次是能否完成任务并做出承诺或回馈。这种承诺可以是肯定的,也可以是否定的。如果执行者给出的承诺是肯定的,那么执行者一定要兑现承诺,即使问题发生变化也应采取有效措施补救;如果是否定的,应说明原因,提出建议或条件(增加资源、增加权力、提供协助与技术支持等),领袖权衡之后再给予满足或调整方案。

有效指挥

无论计划如何周到,如果不能有效地执行,仍然无法产生预期的效果。为了使部属有共同的方向可以执行制定的计划,适当地指挥是有必要的。指挥部属,首先要考虑工作分配,要检测部属与工作的对应关系;也要考虑指挥的方式,语气不好或是目标不明确,都是不好的指挥。好的指挥可以激发部属的意愿,而且能够提升其责任感与使命感。同时,在执行的过程中,还要及时地协调包括内部上下级、部门与部门之间的共识协调,也包括与外部客户、关系单位、竞争对手之间的利益协调。任何一方协调不好都会影响执行计划的完成。最好的协调关系就是实现共赢。协调的目的就是营造一种和谐沟通、协作、配合的工作氛围。

有效控制

控制是必须的,控制就是追踪考核,确保目标达到、计划落实。虽然控制会令人不舒服,然而组织经营有其现实的一面,有些事情不及时控制,就会给组织造成不必要的损失。但是,控制若是操之过急或控制力度不足,同样会产生反作用:控制过严,会使部属口服心不服;控制不力,工作纪律可能难以维持。最理想的控制,就是让部属通过目标管理方式实现自我控制。

最后,领袖与执行者及相关协作人员都必须强化三种意识:计划意识

(执行计划)——进度意识(效率意识、进度控制与补救措施)——结果意识(效果达成意识)。不要不做计划或相关准备就开始实施行动,从而使整个部门工作混乱。面对进度失控时,应及时补救调整,否则一个小问题就会变成大问题。好的结果,要及时总结经验同时表扬执行者;坏的结果,要及时纠正,要总结教训,要追究责任,不能让其成为习惯后为他人效仿,而使问题不断复制与蔓延。

8.执行过程中的"方圆"艺术

"方"指原则性,包括用人的规范和范围;"圆"指灵活性,包括技艺和策略。前者是内在要求;后者是艺术形式。执行过程中的方圆艺术,即"方"与"圆"的辩证统一,也即原则性与灵活性的有机结合。

过于求"方",可能有"迂腐"之嫌,会导致下级和群众敬而远之;过于求"圆",则会有"圆滑"之嫌。两者的结果都是没有发挥人才的最大效益。一个领导要想做到"方"与"圆"的辩证统一,必须遵循以下几点:

开局:先"圆"后"方"

刚开始走马上任,即使自己有不少抱负,但也要经过熟悉情况,进入角色后才能付诸实施。正确的开局用人艺术应是先"圆"后"方",着眼于人际沟通,着力于调查研究,增进相互了解,逐步在领导活动中扩大自己"用人权"的使用,由"圆"而"方"。

进局:外"圆"内"方"

进局是指开局过后,领导要改变或发展前任留下的局面,形成自己执行风格的领导过程。这时的执行艺术是:在继承和模仿中融入己见,在容忍中

纠错。亦即对前任领导的执行弊端既要有宽宏的肚量，又不能循旧而求稳定；对前任领导的成功执行之道，要继承和发扬，通过兴利除弊来形成自己的用人之道，这就叫做外"圆"内"方"。

"关系型"的领导迁就现在的局面，安于现状，不求进取，缺乏原则和个性，属于外"圆"内"圆"的用人方式；而"急功型"的领导过分地突出自己，急功近利，立足未稳时便一味地创新，属于外"方"内"方"的用人方式。

中局：人"方"我"圆"

中局是指进局过后，领导可以而且应该站在源头，以开拓和创新的用人气慨做出自己贡献的时期。这个时期要讲究人"方"我"圆"的用人艺术。这种用人艺术的关键之处在于充分调动人的积极性，也就是我们常说的"出主意，用干部"。主意出得好，用人用得好，就可以让别人按照自己的意图主动去开拓和创新，领导只是适当介入，着重从旁观察、支持和制约，并不断地探索，不断地总结经验。

定局：上"圆"下"方"

一旦通过中局形成自己的格局之后，整个执行过程就相对稳定了，这时候宜以维持自己的执行格局，与开拓创新兼顾为宜，以把握总体局面，这就是定局时期。

这时期的艺术为上"圆"下"方"。因为，你也要考虑上级的要求和意图，不能完全自行其是。应该把自己在工作方面的开拓与创新也纳入上级领导的范畴之中，做到原则性与灵活性相统一，这就是上"圆"。所谓"下方"，是指领导在这一时期必须坚持原则，排除各种制约因素，只要自己认准了的，就应当坚持到底，而不能畏缩不前。

9.领导的执行力不能脱离团队精神

团队精神不仅仅是对员工的要求,更是对主管的要求。团队合作对主管的最终成功起着举足轻重的作用。据统计,管理失败最主要的原因之一是主管和同事、下属处不好关系。

某公司有两位刚从技术岗位提升到技术管理职位的年轻主管:A主管和B主管。A主管觉得责任重大,技术进步日新月异,部门中又有许多技术问题没有解决,有紧迫感,于是每天刻苦学习相关知识,钻研技术文件,加班加点解决技术问题。他认为,问题的关键在于他是否能向下属证明自己在技术方面是如何的出色。

B主管也认识到技术的重要性和自己部门的不足,因此他花很多的时间向下属介绍自己的经验和知识。当下属遇到问题时,他也帮忙一起解决,并积极地和相关部门联系及协调。

三个月后,A主管和B主管都非常好地解决了部门的技术问题,而且A主管似乎更突出。但半年后,A主管发现问题越来越多,自己越来越忙,但下属似乎并不满意, 他们觉得很委屈;B主管却得到了下属的拥戴,部门士气高昂,以前的问题都解决了,还搞了一些新的发明。

对主管而言,真正意义上的成功必然是团队的成功。脱离团队去追求个人的成功,这样的成功即使得到了,往往也是变味的和苦涩的,长期下去,对公司是有害的。

因此,领导的执行力绝不是个人的勇猛直前、孤军深入,而是带领下属共同前进。要做一个优秀的执行者,应该有意识地提高以下四项能力:

第一,协调能力。

任何工作,如都能制定完善的计划,再下达适当的命令,采取必要的控制,工作理应顺利完成。但事实上,主管的大部分时间都必须花在协调工作上。协调不仅包括内部上下级、部门与部门之间的共识协调,也包括与外部客户、关系单位、竞争对手之间的利益协调,任何一方协调不好都会影响执行计划的完成。要清楚最好的协调关系就是实现共赢。

第二,授权能力。

要赋予下属责、权、利,下属才会有做事的责任感和成就感。要清楚,一个部门的人琢磨事,肯定胜过自己一个脑袋琢磨事。这样,下属得到了激励,你自己又可以放开手脚做重要的事,何乐而不为?切记,成就下属,就是成就自己。

第三,判断能力。

判断对一个经理人来说非常重要,企业经营错综复杂,常常需要主管去了解事情的来龙去脉、因果关系,从而找到问题的真正症结所在,并提出解决方案。这就要求你洞察先机,未雨绸缪。要清楚这样才能化危机为转机,最后变成良机。

第四,创新能力。

创新是衡量一个人、一个企业是否有核心竞争能力的重要标志,要提高执行力,除了要具备以上这些能力外,更重要的还要时时、事事都有强烈的创新意识。这就需要不断地学习,而这种学习与大学那种单纯以掌握知识为主的学习是很不一样的,它要求大家把工作的过程本身当做一个系统的学习过程,不断地从工作中发现问题、研究问题、解决问题。解决问题的过程,也就是向创新迈进的过程。因此,我们做任何一件事之前都可以认真想一想,有没有创新的方法使执行的力度更大、速度更快、效果更好?要清楚创新无极限,唯有创新,才能生存。

10.执行力的有效促进与控制

执行能力、执行动机、执行态度是执行者的行为能力、意愿和态度。光靠这些特征,并不足以把事情落实好,还需领导者进行有效促进与有效控制来调整执行者的行为从而控制事情的发展不偏离正常轨道,才能更好地把工作落实好。

要做好有效控制,可采取如下方法:

(1)事前跟进,发现潜在风险,提前给员工预警。

(2)事中跟进,在任务进行中发现问题后,寻找解决办法,使员工的工作重新回到正轨上来。

(3)事后跟进,出现问题后,找出原因,提供补救建议和具体措施,避免员工再犯同样错误。

(4)授权不授责,大多数领导者的通病是既授权又授责,这样导致的结果就是权责不分:职位越高,承担的责任越小;做得多就错得多;领导者不做具体的事,永远不出错;被授权的人害怕出错而不停地往下授权。这样必然没有好的结果。

(5)对身兼管理责任的人进行监督,当领导者管理他人或检讨自身的行为时,这样的监督就显得十分有效。如果没有有效的监督,准确地工作定义、选拔、管理和培训这些工作就不可能轻而易举地完成。

(6)对那些可能是以前所遗留下的含糊不清的或没有论及的问题,领导者要能给予明确而又清晰有力的说明;然后,领导者还要提出对未来的展望,以使将来组织的工作重点能集中到你所提出的焦点上来。

而那些在被认为是工作懒散的人对他们爱好的东西,可能表现出巨大

的积极性——采用升职或薪酬奖励来激励这一类的员工是一种广泛使用的方法。在许多情况下,这种方法是积极的,是非常有效的。

要有效促进进度,可采取如下方法:

(1)考核指标合理。为避免考核指标不合理,必须避免人为因素干扰。避免人为因素干扰的最佳手段就是将考核指标全部改为定量或半定量的,去除难以评价对错的指标,比如去除主管考评、供应商投诉、团队忠诚度、团队意识、创新能力、主动性等指标。

(2)健全流程制度。修订各类规章制度与作业流程,明确每个岗位的职责与目标,明确操作步骤,杜绝经验操作或不按规定操作。

(3)考核有效。严格执行奖励与处罚措施,绝不能姑息犯错误的行为。对违反公司规定或操作规定的人员要严格按制度处理,不能流于形式;对表现优异的员工,由部门申请,可以破格调薪或升职。

第三课

愿景建设
——挖掘员工潜能的永动机

　　如果没有共同愿景，将无法想象苹果电脑、AT&T、福特等是怎么建立起它们的成就。同样的，北大的愿景是一个方向舵，能够使你在学习过程中遭遇混乱或阻力时，继续遵循正确的路径前进。对北大人来说，学习可能是困难而辛苦的，但有了共同愿景，上述所有的困扰似乎都微不足道。对领导者来说也是如此。

1.共同愿景激发每一个成员的强大潜能

共同愿景不是一个想法,甚至像"自由"这样一个重要的想法,也不是一项共同愿景,共同愿景是在人们心中一股令人深受感召的力量。刚开始时,可能只是被一个想法所激发,然而一旦进而发展成感召到一群人的支持时,就不再是个抽象的东西,人们开始把它看成是一种具体存在。

在人类群体活动中,"共同愿景"能激发出众人很强大的力量。

在斯巴达克斯领导一群奴隶起义时,他们两度击败罗马大军,但是在克拉斯将军长期包围攻击之后,最后还是被征服了。在电影中,克拉斯告诉几千名斯巴达克斯部队的生还者说:"你们曾经是奴隶,将来还是奴隶。但是罗马军队慈悲为怀,只要你们把斯巴达克斯交给我,就不会受到钉死在'十'字架上的刑罚。"

在一段长时间的沉默之后,斯巴达克斯站起来说:"我是斯巴达克斯。"然后他隔邻的人站起来说:"我才是斯巴达克斯。"下一个人站起来也说:"不,我才是斯巴达克斯。"在一分钟之内,被俘虏军队里的每一个人都站了起来。

这个故事是否虚构并不重要,重要的是它带给了我们更深一层的启示。这个故事的关键情节在于,每一个站起来的人都选择受死,但是这个部队所忠于的,不是斯巴达克斯个人,而是由斯巴达克斯所激发的"共同愿景",即有朝一日可成自由之身。这个愿景是如此让人难以抗拒,以至于没有人愿意放弃它。

在追求愿景的过程中,人们自然而然会产生勇气,去做任何为实现愿景所必须做的事。

60年代中期,在麻省理工学院的德雷普实验室,发生了一个现代斯巴达克斯的故事。IK实验室是太空总署阿波罗登月计划惯性导航系统的主要承制者。计划执行数年后,该实验室的主持人才发现他们原先的设计规格是错误的。虽然这个发现令他们十分困窘,因为该计划已经投入了数百万美元,但是他们并未草草提出权宜措施,反而请求太空总署放弃原计划,从头来过。他们所冒的险不只是一纸合约,还有他们的名誉,但是他们已经没有别的选择。

他们这么做,唯一的理由是基于一个简单的愿景:在十年内,把人类送上月球。为了实现这个愿景,他们义无反顾。

如果没有一种拉力把人们拉向真正想要实现的目标,维持现状的力量将牢不可破。共同愿景就是要建立一个高远的目标,以激发新的思考与行动方式。

共同愿景会唤起人们的希望,特别是内生的共同愿景。你的工作就是在追求组织的价值,你追求的是比工作本身更高的目的——

苹果电脑使人们透过个人电脑来加速学习;

AT&T借由全球的电话服务让全世界互相通讯;

福特制造大众买得起的汽车来提升大家的便利……

这种更高的目的,亦能深植于组织的文化或行事作风之中。

赫门米勒家具公司退休的总裁帝普雷说,他对赫门米勒公司的愿景是:"为公司人员心中注入新的活水。"因此他的愿景不仅只是加强赫门米勒的产品,还包括提升企业人员和企业文化的层次,以及追求财富创造力和艺术气息的工作环境。

愿景令人欢欣鼓舞,它使组织跳出庸俗,产生出智慧的火花。乔布斯在一篇关于苹果电脑愿景产品的大作中提到:"不论公司内忧外患有多严重,一步入麦金塔大厦,我马上又精神奕奕。我知道自己即将目睹电脑史上一项重大的改变。"

企业中的共同愿景会改变成员与组织间的关系——企业不再是"他们

的企业",而是"我们的企业"。共同愿景是使互不信任的人一起工作的第一步,它促使人产生一体感。事实上,组织成员所共有的目的、愿景与价值观,是构成共识的基础。

苹果电脑、AT&T、福特的领导人所创造的愿景分别是:杰伯斯、渥兹尼亚以及其他苹果电脑的创业伙伴,希望电脑能让个人更具力量;裴尔想要完成费时五十多年才能达成的全球电话服务网络;亨利·福特想要使一般人,不仅是有钱人,能拥有自己的汽车。同样的,日本公司若不是一直被一种纵横世界的愿景所引导,也无法如此快速崛起。例如佳能从一无所有,到目前已赶上全录影印机的全球市场占有率;或是本田公司的成功也是一例。其中最重要的就是共同愿景所发挥的功能:这些个人愿景被公司各个阶层的人真诚地分享,并凝聚了这些人的能量,在极端不同的人之中建立了一体感。

心理学家马斯洛晚年从事于杰出团体的研究,发现这些杰出团体最显著的特征是具有共同愿景与目的。马斯洛观察到,在特别出色的团体里,任务与本身已无法分开;或者应该说,当个人强烈认同这个任务时,定义这个人真正的自我,必须将他的任务包含在内。

2.如何正确启动共同愿景

对共同愿景,最简单的说法就是"我们想要创造什么?"愿景是人们心中或脑海中所持有的意象或景象。共同愿景即是组织中人们所共同持有的意象或景象,它创造出众人是一体的感觉,并遍布到组织全面的活动中,而使各种不同的活动融汇起来。

如果你我在心中持有相同的愿景，彼此却不曾真诚地分享过对方的愿景，这并不算共同愿景；当人们真正共有愿景时，这个共同的愿望会紧紧将他们结合起来。

个人愿景的力量源自个人实现愿景的深度关切，而共同愿景的力量则是源自共同的关切。事实上，我们逐渐相信，人们寻求建立共同愿景的理由之一，就是他们内心渴望能够归属于一项重要的任务、事业或使命中。

共同愿景对企业是至关重要的，因为它为学习者提供了焦点与能量。在缺少愿景的情形下，充其量只会产生"适应型的企业"，只有当人们致力于实现某种他们深深关切的事情时，才会产生出"创造型企业"。事实上，除非人们对他们真正想要实现的愿景感到振奋，否则，整个学习"创造型企业"的概念——扩展自我创造的能力，将显得抽象而毫无意义。

今天，"愿景"对公司领导而言，是个熟悉的概念。然而，只要你小心地观察，你会发现大部分的愿景是一个人（或一个群体）强加于组织的。这样的愿景，顶多博得服从而已，不是真心的追求。

首先，一个共同愿景是团体中成员都真心追求的愿景。

第一，愿景首先要形象化。

领导者提供的愿景不能是抽象的。当你向员工描述愿景的时候，首先一定要形象化。要使自己的企业成为一流的企业，所谓的"一流"是什么样的？用形象的描述来展现愿景。浙江华立集团董事局主席汪力成对此有过一个形象的表述，他说："我的战略叫'画饼战略'，告诉大家未来的公司会成为什么样子的。实际上，很多企业追求成为世界500强的目的也在于此，必须有个具体形象的愿景展示给大家看。

要发展，总要有个具体的图景，不能仅仅说我们未来要成为优秀的公司，要成为卓越的公司。"优秀"和"卓越"是什么样子？总得有个形象的说法吧？比如，我们在未来将成为这个行业的第一。那么，描绘下我们的厂房是什么样子的，我们的办公室是什么样子的，我们每个人是什么样子的，这些形象大家一下子都记住了。具体形象的东西是最容易让人记住的吧？

第二,愿景要实现故事化。

领导者要学会用故事来描述愿景,不仅用语言描述,而是绘声绘色地讲故事。比尔·盖茨在向员工描述未来的时候说:"我的愿景是让地球上每个家庭都拥有自己的电脑,而且使用这个电脑非常方便。"这就是比尔·盖茨的愿景。有人说,凡是优秀的领导者都是故事大王,都是会给人讲故事的。

确实,有很多成功的企业家都很会讲故事。他们会告诉你,在未来的某个时间,他们的企业会是什么样子的,他们的未来是什么样子的,甚至具体到员工将来会开什么车,这个车应该是什么样子的。这些故事化的描述很容易激起员工创业的欲望和他们对未来的美好期待。

苹果公司创始人乔布斯就是个很会讲故事的人,他推出新产品时说:"我的愿景是让互联网装到你的口袋里,随时拿出来就能用。"我们知道,现在苹果的手机功能非常强大,真的实现了"将互联网放到口袋里"。乔布斯说得很形象,他没有说"让互联网遍及每个家庭",或者是"人人拥有互联网",而是"让互联网装到你的口袋里",并通过一部手机一样的东西呈现出来,很生动,很具象化。

第三,愿景要有感染性。

感染性就是共鸣。比如,一个人向你描述了半天他们公司要成为世界上最大的公司,他们要盖世界上最高的楼,但这对你却没有丝毫的感染性——是啊,这跟你有什么关系呢?

所以,愿景一定要跟听到它的人有关系,这是最关键的,只有这样才有感染性。如果你说的事情跟听到它的人没有关系,显然这件事情就不存在什么感染性了。

体育运动之所以有感染性,就是因为它激发了观众内心深处的英雄感,激发了观众内心深处的那种动感。为什么中国足球没有感染性?因为它只能激发你痛苦的神经;如果它激发的是你那种优秀的、英雄感的神经,不就有感染性了吗?

很多企业家,包括不少国有企业的负责人,他们的成就感都是很强

的。他们究竟是被什么感染了,才会有如此大的成就感呢?他们的成就感不仅仅源于他们能够挣多少工资,更多地则是来自他们所控制的资产规模有多大。

有个大型国有企业的总裁说:"民营企业是一种生活方式,但国有企业也是一种生活方式,我可以支配上千亿的资产,这种成就感是一般人所没有的。"而他要的和被感染的愿景恰恰就是这种感觉。

所以,领导者在描述愿景的时候,一定要懂得使用和听者相关的方式来描述。你所描述的愿景跟听者有关系了,才具有感染性。那个听者会觉得自己是其中的一分子,自己受到了应有的重视和重用,就会很享受参与的过程。

第四,愿景要不断地重复。

领导者要学会不断地重复愿景,因为愿景会随着时间的推移而逐渐消退,所以不能讲一遍就完了,那样谁都记不住。如果讲两遍还记不住,那就讲三遍、四遍,讲到听者肯定记住了为止。

当领导者不再重复自己的愿景时,人们就会觉得领导者不是很认真,觉得领导者好像不是出于真心。只有你不断地重复自己的愿景,才能证明你是真心地希望实现它。要成为一个真正成功的领导者,就要使你的愿景真正能融入人们的血液中,落实到人们的行动里,成为人们内心深处的航标。

第五,愿景要实现制度化。

既然是组织的愿景,领导者就一定要把它制度化,让它变成企业战略的一部分,企业文化的核心。只有将愿景置于制度里,大家才觉得领导者不是开玩笑,大家才会认真对待它。

在刚开始提出愿景的时候,只是一些故事,是一个集体的奋斗目标。领导者只有把这些故事放在战略和文化规范里,把它们分解成各种各样的目标,并认真执行的时候,愿景才可能真正实现。

第六,阶段性目标要持续实现。

当领导者提出一个愿景时,如果目标很远大,阶段性目标长期实现不

了,人们就会产生挫折感。在企业里面,大愿景应该有阶段性,比如在一段时间内要实现什么样的具体目标,这样就逐渐逼近了愿景,并最终能实现更大的目标。所以,愿景一定要有阶段性。要让阶段性目标不断实现,让大家有不断实现目标的感受。

所谓阶段性目标的不断实现,就是要求把愿景分解成阶段性的目标,让人们觉得其可信。比如有的企业家提出:我们5年后将进入世界500强,我们每个人进入世界500强以后的资产会是多少。但是,企业家说完了以后,并没有把"进入世界500强"的目标放在战略里面来,也没有在考核指标里体现出来。

领导者应该对目标进行年度分解:第一年我们完成的目标是多少,大家的收入应该怎么涨;然后是第二年、第三年、第四年、第五年,阶段性目标不断实现,这样,最终愿景才有可能实现。

一个优秀的愿景应该包含以下特点。

★每一个企业的愿景都具有不可复制的独特性。

★企业的愿景是崇高而伟大的,必须符合人类的根本利益。

★企业愿景是持久的。

★企业愿景与团队成员的个人目标必须具有普遍的一致性。

★企业愿景具有前瞻性和理想主义色彩。

3.共同愿景如何从个人愿景汇聚落实

共同愿景是从个人愿景汇聚而成的,借着汇集个人愿景,共同愿景才能获得能量。就如同北大所观察到的:"我的愿景对你并不重要,唯有你的愿景才能够激励自己。"

第一,愿景要与团队成员的利益相关。

领导者所提的愿景一定要和团队成员的利益相关,不要提那些和团队成员利益无关的愿景——无关的事情他们没兴趣。只有和团队成员的利益相关,愿景对他们才能发挥作用。所以,领导者一定要站在团队成员的角度,而不是仅仅站在领导者自己的角度来提出愿景。

《西游记》中唐僧取经团队的成员,包括孙悟空、猪八戒这些人,他们每个人心里都有私念。孙悟空愿意加入这个团队吗?当时他不是正受苦受难嘛,只有师傅能救他。猪八戒也是个犯过错误的人,因为加入到这个团队中才有可能赎罪,才有可能使自己脱胎换骨。沙僧也是这样。把这一帮人聚在一起,怎样能够让他们团结起来,是个很大的难题。

观音菩萨和唐僧有办法。首先告诉他们,合作取经有好处:第一,你们可以获得解脱;第二,你们都可以成佛。谁不想成佛啊,成佛是多么崇高的目标啊。无论是唐僧,还是观音菩萨,都告诉这些团队成员,你们加入到这个团队中,不是为了帮助唐僧,是帮助你们自己,是因为你们可以成佛,可以实现你们"解脱"的愿望。我觉得,这是团队成员肯为唐僧卖命的一个重要的原因。

领导者提出的愿景一定要跟团队所有成员相关。所谓愿景,不仅仅是公司的愿景,更应该是团队成员共同的愿景。

第二,展示蓝图,激发员工兴趣。

实施愿景管理必须目标体系健全,发展前景广阔。没有这一前提,无法描绘出具体画面,也无法提供给员工想象空间,愿景管理只能落空。

比如在苹果公司中,每一位员工都狂热地喜爱着自己的工作,因为他们知道,自己所从事的工作是独一无二的,是有着极大的社会价值的,这正是乔布斯为苹果员工们树立的愿景目标。

梳理企业的愿景目标通常是人力资源部门的事,但也需要企划人员参与到其中,大家共同合作。对企业目标,大多是从三个时段进行梳理:一是企业的近期目标,二是企业的中期目标,三是企业的长期目标。对每个时段企

业发展的重点项目、发展规模都进行画面描绘,对绘好的画面,先在小范围征求意见,完善补充,使之更加生动形象、具体可感,让人触手可及最好。

企业愿景绘制工作完成后,要找一间光线充足、有一定活动空间的屋子展示全部画面,组织全体员工分期分批参观。人力资源部门要选派了解企业、热爱企业的员工,让他们饱含深情、绘声绘色地讲解。企业负责员工发展管理的负责人亲临现场答疑,充分唤起员工的激情和想象,让每个员工围绕企业未来的美好前景想象自己未来的位置和角色。

第三,组织员工讨论,丰富画面内容。

参观结束后,各单位负责人回到自己单位后再集中下属员工讨论参观感受,人多的单位则分组讨论。大家可以就所看到的画面交换意见,增加画面内容。部门负责人需收集讨论意见,汇总上报,让人力资源部门丰富和完善绘画内容。

第四,指导员工联想,设计个人愿景。

人力资源部门收集员工的补充意见后,统一指导员工设计与企业发展同步的个人愿景,并提供工具和方法指导。引导员工大胆想象,想象自己一年、两年、五年、八年后在企业的发展前景。想象自己可以为之实现和贡献什么,也要想象实现之后自己可以从中得到什么。当大家欢呼雀跃、情绪激动时,要不失时机地引导员工描绘自己的个人愿景。会画画最好,不会画的就用文字表述,指导人员应尽量帮助每一位员工确立好自己的个人愿景设计。

第五,员工互相交流,形成自我约束。

员工个人愿景设计完成后,分单位、分小组讨论交流。每个人都在同事面前对自己的个人愿景进行有感情地描述。作为同事,要不吝鼓掌,即使你不愿鼓掌,也不能冷嘲热讽——劲可鼓,不可泄。让每一个员工都想象一下成功后的喜悦,让每个员工都能把自己心中所想表达出来,让自定的目标成为个人工作的动力。发自内心的愿望往往会变成巨大的力量,这也会产生让员工乐此不疲的作用,也给同事之间互相监督提供了便利。内外约束相结合,员工想不努力都不行。

第六,愿景备份存档,成全员工理想。

员工个人愿景完成交流后,统一上交到人力资源部门。员工发展主管据此开展培训和教育活动,在企业条件许可的范围内,尽量帮助员工实现愿景目标。部门负责人更要对下属员工的愿景了如指掌,一方面帮助其实现愿望,另一方面要适时提醒下属为实现自己的愿景而努力。

4.认可并注意下属的"希望观"

一家企业的离职率特别高。这家企业是家私营企业,老总的个人身价过千万,这和老总是一位事业心非常强的人很有关系。老总经常工作到晚上9点以后,他加班,他的下属职员也就要加班。但大家都知道,没有多少人是为了那点加班费而加班的,除了像老总那样同样的工作狂以外,相信没有人愿意加班。老总的下属里面就有很多不愿意加班的,但他们却大多不敢言,因为他们老总有句话,"我做老总的都可以加班,你们有什么不可以的?"

按照这位老总的理解,加班工作是为员工好,这样他们可以做更多的事情,就可以获得更高的职位,就可以拿更多的薪水,就可以为他们所爱的人提供更多的东西。其实这位老总的想法并没有错,尤其是对那些希望开创自己事业的人来讲更加正确。但问题是,并不是每个人都希望成为企业家,也并不是每个人都把金钱和地位做为衡量自己成功与否的唯一标准。

这位老总的一位员工就说:"我太忙了,从早忙到晚。早上出门的时候家里人还没有醒,回家了,家里人都睡觉了。就是偶尔有时间和他们在一起,也还是满脸的愁容,还很可能老总一个电话就叫去加班去了。我感觉我已经没有了家一样。"

优秀的领导者会从价值观的角度来解决问题，他们不会只是单纯地挑战某种行为。他们会在承认每个人的行动都具有正确的意图的情况下，审视当事人的行动，也会同时审视当事人的信念及价值观，然后同当事人一起找出符合某种意图的其他更令人满意的方式和行为。

很显然这家企业的问题就在与此。企业的愿景(或者说老总的希望观)和职员的希望并没有形成交叉，而老总又用自己的希望去"等价"了下属的希望。

举个例子来讲，假如你非常的饿，你正在四处寻找一家餐馆想要大吃一顿。这时你听见有人在那里吹奏银笛，乐曲是那么的悠扬、动听，你会怎么做？这就要看你的价值取向了。如果你是一个古典音乐迷的话，你一定会停下脚步去仔细聆听他的吹奏；如果你只是一个音乐迷，但你喜欢的是摇滚乐的话，你可能只是站一下，听到不是摇滚乐后，便去继续寻找餐馆了；如果你不喜欢音乐的话，可能你根本就不会注意到有人在那里吹奏乐曲。这就是差别了，也正是这种差别，使得这件事的结果可能千差万别。

每个人的行为和动机都不一样，你富足阔绰，但你不见得有我这般的悠然自得；你位高权重，但你不见得有我这般逍遥快活。每个人有每个人的生活，因此不要替别人想得太多，也不要用你的思维去界定别人的行为。因为不同的价值取向、信念以及角色的人，对生活的希望是不同的。

一个成功的领导者就在于通过认可并注意下属的希望观，来诱导、激励下属，来把组织的希望同下属的希望相结合，以实现组织目标和下属的个人目标。

首先需要去询问别人的希望。

也许下面的几个问题可以帮助你——

你要什么？

你对自己的工作最看重的是什么？如果去除了它，你的工作满足感会大幅下降吗？(过程)

这价值能为你带来什么？(最终目标)

你必须相信什么才会重视以上的项目？(信念)

你是在什么时间、地点、事件下才认识到你的希望实现了？(希望实现原则)

5.选出一件"有希望"的事情,坚持每天做下去

众所周知,领导者成功从来都不属于一蹴而就的事情。它是由成系列小规模、逐渐增加、重复进行工作造就的必然结果。因此,人们现在要做的工作就是随便找出一件事情;它的实际规模可能不会太大,但是务必要坚持每天都予以完成。随着时间的推移,它就会变成为一种习惯——经过一段时间之后,人们同样还会发现的结果就是自己的生活发生了翻天覆地的变化。

只需要随便选出一件要完成的事情——如看得见摸得着、可以进行评估、目标明确的工作,并且本身有助于目标的实现——坚持每天都做下去。这就意味着,人们首先要作出必须完成这件事的承诺,并将其加入到待办事项列表或工作日程之中以及坚持做下去。

下面就给出了几个例子:

(1)如果人们希望减肥的话,正确的做法就应该是:每天都选择用不同以往的方式来吃一顿饭——仅仅只涉及到其中的一顿即可。

具体而言,人们采取的做法可以是在早餐的时间选择吃燕麦片以及水果,或者是利用减肥代餐棒代替下午的饼干,或者是利用自带金枪鱼以及一小份沙拉来代替外出午餐。对任何人来说,饮食习惯的彻底调整都将带来极为郁闷的感觉。因此,如果能够做到仅仅只对其中的一顿进行局部调整,实际执行过程中的具体工作就会变得容易很多。随着时间的推移,工作的完成,就会让人们的体重得以下降,而这样的结果就可以让人们的心情变得更加舒畅,从而让产生的成功激励自身选择继续进行更大的调整。

(2) 如果人们希望可以拥有更好的人际关系的话，正确的做法就应该是：坚持每天都留出十分钟的时间来与其他人进行沟通联络。

具体而言，人们采取的做法可以是从某网站上随便找出一位希望进行联络的朋友，并坚持下去；或者是发送贺卡给社区中的其他人，对所获得的成功予以承认或向取得的成就表示祝贺；或者是致电供应商，对享受到的周到服务表示出感激之情来。

换句话说，人们务必要坚持的工作就是每天都花费十分钟的时间在"给予"而不是在"索取"之上。只要坚持这样做下去，最终自然就会获得与对方经久不衰的牢固友谊。

(3) 如果人们希望自身工作效率可以变得更高的话，正确的做法就应该是：对一种日常习惯进行调整。

举例来说，人们不应该象巴甫洛夫的狗那样，一听到收件箱发出的提示音就产生需要马上查看的条件反射，而是应坚持每天仅仅打开三次收件箱：早上8点、中午以及下午5点。很快，人们就会惊奇地发现绝大多数电子邮件都不属于"非常紧急"类型这一事实，从而再也不必将大量时间浪费在试图进行快速回复以期表现得友好以及看起来非常及时这一恶性循环之中。

此外，人们也可以选择在一天内就完成一项任务，而不是同时推进多项工作。或者，人们也可以选择在日常工作开始之前，将一项"不需要完成的工作"项目加入到待办事务列表之中。

选择对一项习惯进行调整，并坚持每天都做下去。很快，人们就会发现自己工作时的实际效率变得更高……并且，这还可以刺激自己继续寻找希望进行调整的其他事项。

(4) 如果人们希望自己能够变得更聪明的话，研究表明，相比思考本身，运动反而可以给思维能力的提高带来更大帮助。

人们只要坚持每星期散步三次，每次四十分钟，就可以让新的脑细胞得以生成，并且让记忆能力获得改善。

此外，通常情况下，多任务处理都属于效率非常低的模式；这时间，一起

出去散散步才属于更恰当的选择——大家待在一起消磨时间的话,不仅能够让那些纷乱与纷扰远离,而且还可以让双方之间的关系得以改善。

(5)如果人们希望自身表现能够更出色的话,正确的做法就应该是:随便找出一项工作。

仅限于这一项,然后开出一张支票,或者选择电话询问如何才能提供帮助或支持,或者亲自请教自身工作中有没有对事情进行支持的可能。

由于世界里充满了各种各样需要帮助的人群,因此,如果每一个人都能够做一件可以为其他人带来帮助的事情——带来的变化会有多么巨大,就非常值得想象了。

(6) 如果人们希望变得更胜任本职工作的话,为了让情况可以获得改善,最简单的方法就是进行评估。

对任何人来说,在进行观察时的表现都会变得更好;即便所观察的对象就是自身,实际情况也不会有所例外。

因此,如果人们希望自己可以变得更积极的话,就应该选择使用健身跟踪器来对身体的活动情况进行监视(人们可以选择这种或者那种,甚至于某种极为简单的设备也是可以的)。只要人们开始使用,就能够对自己每天走过的步数,消耗掉的卡路里进行全面跟踪……很快,大家就会发现,很多人开始主动选择走楼梯,在午饭时间出去散步等,以达到完成消耗总额方面的要求。

信不信由你,这实际上是一件非常有乐趣的事情。

(7)如果人们希望掌握一门技能的话,对绝大部分普通人来说,都拥有一项与生俱来的"天赋"。

实际上,这就意味着,所有人都拥有选择出一种目标明确、效果突出的重点方式并进行实践的能力。

举例来说,如果人们希望学习弹奏吉他的话,就应该确保:每天都花费一定的时间来进行练习,并且,练习的时间内必须要全神贯注,绝对不能陷入走走过场、草草了事的状态。而具体到演奏的时间,则务求要做到完美无

缺;接下来,人们还可以尝试用半速进行演奏,并达到完美无缺;然后,还可以选择用倍速进行演奏,并尽力做到完美无缺。

在整个过程中,人们都需要将关注的重点放在那些可以衡量的因素之上。毕竟,只有做到这一点,人们才能从出现的错误上获得直接反馈,从而可以对自己的技术进行改进……实际上,利用现场反馈就可以让人们获得成功,进而获得更大的动力,最终去迎接挑战更高的目标。

这就意味着,人们应当选择挑战自我,全神贯注于自我,并且采取集中练习的方式来应对那些现场反馈回来的信息。实际上,每天只要进行十五分钟这样的练习,就会比盲目"瞎闯"数小时节拍练习能够带来的效果还好。

(8)如果人们希望自主创业的话,则可以将自己的商业草案公开。

对创业者来说,一步登天纯属幻想。因此,正确的选择就应该是稳扎稳打、步步为营。具体而言,联络上一位潜在的供应商,探访一处可能的场地,询问一项类似的业务,与一位成功的企业家共进午餐,这些都属于非常不错的选择。

如果人们真心希望开创事业的话,完成一项任务就能够让自己变得非常兴奋,进而还想做更多的事情……很快,创业者就可以像高速火车一样滚滚向前,势不可挡。

6.激发团队潜能的10大技巧

如果你领导的是知识型员工和IT项目经理,你就有必要学习特殊的领导才能来带领员工,进而让他们做出创造性的贡献,并培养他们独立解决问题的能力。

只有你团队的成员成功了,你才能算是成功的领导者。

这里将介绍多种方法,你可以把这些方法付诸实践,从而引领你的团队发挥最大潜能。

(1)注重结果和效率,不是出勤时间

当你管理知识型员工时,你不应该用硬性的打卡上班/下班时间,除非有涉及到客户服务的时间覆盖问题(比如,必须在呼叫时间内提供足够的服务)。

相反,你应设立明确目标,让员工每周用40小时来完成工作。要求他们准时参加重要的会议并且在团队共同工作时间内随叫随到。

如果有必要,为他们提供可以远程工作的工具。

然后,让他们自己管理自己的时间。

这样做的结果就是告诉你的员工:你信任他们。如果你不能信任为你工作的人,那就是另外一件事了。你可以严加管理,直到你认为信任他们为止,或者直接告诉他们,"你可以去寻找其他的机会了"。

(2)让团队成员施己之长

确保团队成员都在各自擅长的岗位上。如果你接管了一个已经初具规模的团队,这点尤为重要。

评估所有团队成员,并改组团队,以求更好的成功机会。

不要仅仅因为某个人在某个岗位上已经工作了很长时间,就不去改变他的职能。

只要你认为他能够在其他的职位上做出更多的贡献,就应该认真考虑进行调整。员工可能不愿意这样的变动,所以你还需要花较多的时间去努力说服他们。这样的变动,是为了达成他们个人和公司同时实现最佳利益。

有些团队成员可能并不了解他们的强项在哪,你可以引导他们去用前文的"诱导术"。

(3)让团队成员投身于其热衷的项目

让成员处于正确岗位的另外一种方法是:找到成员的真正爱好所在,并看他们是否能把其热情投入到岗位中——这有时候会把某些成员调到其经验不多的岗位。

如果根据他们以前的工作表现,你确信他们能胜任岗位,那样做是非常值得的,因为他们的热情将是学习和成长的强烈渴望;一旦他们全力以赴,其热情将是组织创新和成长的强大动力。

(4)让最佳时机使用最佳人选

当有很好的机会推动公司发展时,你要退一步思考,谁是"领头羊"的最佳人选。

除了寻找和挑选有能力胜任岗位的人选或对岗位有热情的人选之外,你还需要关注那些有成功记录的人选。

有时候良机只有一次,他们或许会错失。所以,即便要把某些成员调离某些重要岗位,你都应该在最佳时机使用最佳人选。

(5)平衡挑战性目标和现实目标

通过设定积极目标和督促员工定期汇报工作进度,来建立绩效文化。但是,目标不能太高,否则员工很快就跟不上,并且认为自己永远无法达成目标。

这就意味着你必须定期重新评估目标的可实行性(至少一个季度一次),从而决定他们是否需要减少或者增加工作任务。

(6)避免责备团队成员

任何一个企业都会有跌倒的时候,都会遇到发展不尽如人意的事。失败之后,做一次分析,发现哪里出错了,从中汲取教训。如果是员工个人造成的严重错误,则私下处理他们;如有必要,让他们知道下次再遇到类似事件,你希望他们该怎么处理。不要在公开场合批评员工,无论是直接或者是间接地,比如在开会时或者以群发邮件的形式。如果你那样做了,你将面临如下危险:因害怕犯错和避免问题,企业成员再不会花充足的时间去做那些创造性的工作。

(7)正确终结项目来培养创新

培养创新的另一个重要的组成部分就是要了解如何有效且得体地终止项目。有时候,失败会暴露某些员工的弱点,但有时候,即便有优秀的员工参与项目,也会失败。搞清楚这两种情况之间的区别,是一个优秀经理人的能力之一。如果一位优秀的员工负责到一个糟糕的项目,如果这个项目失败了,并不能说明管理这个项目的人的能力差,因为那个项目根本无法实现。

所以,你不要过分紧张,要把从事这个项目当做一次学习机会,还要给项目管理人重新分派任务;否则,你会让你的员工过度规避风险,他们也就不再愿意投入到下一个大项目中,或者不再愿意在管理项目时有大胆举措。企业发展如果形成了这样的氛围,将会严重阻碍企业的进步。

(8)不要给出所有的答案,培养你的员工独立思考

你是管理者,你是领导,但这并不说你必须要包揽所有的好想法。如果没有先征求你的意见,你的员工犹豫不决,无法做决定,那就说明你没有合理地赋予他们权力。

如果你的员工不能自己做决定,那你就应当改变策略。当员工就某一问题给你相关信息,并询问该怎么做时,你就应该反问他们:"你们是怎么想的?"

一开始,他们也许会很惊讶,但经过多次之后,他们自己会先思考,充分讨论并提出建议后,然后再来找你。

(9)让员工知道"为什么",从而达成共识

作为管理者,你最主要的职责之一就是跟员工沟通新的进展和策略转换。而你做的最糟糕的事情就是,你的员工已经有了某种现成的想法做某事,结果你却提出一个全新的方式,这会严重影响他们的日常工作。

当你突然告诉他们某种新方式时,他们会自然地抵触和怀疑。无论何时,只要有可能,事先告诉他们有变化,让他们知道相关原因,他们会很高兴。如果他们不同意你说明的原因,他们可以表达自己的不同见解。他们甚

至可以在最终方案敲定之前提出警告和问题。

当你还在制定计划或更改策略时,还有一个更好的方法,就是让团队成员集思广益,献计献策,然后你就可以汇聚他们的点子和反馈。有时候,你也许不得不在团队中搞突然袭击,但你必须尽量别这样做。即便不得不那样做了,你也要找时间告诉他们决策背后的原因。

(10)让员工立刻行动

有一天,甲和尚对乙和尚说:"我想到南海去,您看怎么样?"

乙和尚说:"你凭什么去呢?"

甲和尚说:"我一个水瓶,一个饭钵就足够了。"

乙和尚说:"我多年来就想租条船沿着长江而下,现在还没做到呢,你凭什么去?"

第二年,甲和尚从南海归来,把到南海的事告诉乙和尚,乙和尚深感惭愧。

不行动,一切计划都只是空想,只有开始行动,才有成功的可能!

要从每一天、每一时刻、每一分钟去把握,认真做好哪怕是一件微不足道的小事。要有计划、持续、连贯地做下去,切实落实到自己宝贵的行动中,用行动去证明一切,持之以恒地去努力。

让员工回答几个问题:

我要得到什么样的结果?

达不到某种目标有什么样的痛苦?

不行动有什么坏处?

假如马上行动,有什么好处?

我制定期限是多长? 什么时候开始做?

我告诉我的家人、朋友、领导了吗?

7.企业愿景与企业文化建设

一个人的言、行、思想反映一个人的文化素养,一个企业个性化的言、行、思想反映企业的素养和文化。所以说,企业文化是企业所有言行思想的集中表象,是企业个性化的系统表达。

企业不论大小都具文化,因为再小的企业也是由人组成的。是人,就具有价值观和价值判断,就有自身个性与文化因子。只是当企业的实力或规模很小时,文化的作用才似乎无法成为影响企业生死命运的关键因素。

所以专业人士归纳为:"小型企业靠经营,中型企业靠管理,大型企业靠文化。"

小企业能拿到订单使自己生存下来就是关键,所以靠经营和精明就可。这个时候企业几乎没有自己的个性,必须追逐着市场,忙于应付着市场。企业内部秩序完全是随着市场的杂乱而紊乱。

中型企业的实力、人员和规模都到了一定程度,企业的复杂性增强,需要靠系统管理,才可能保证较低的运营成本和较强的竞争力。企业在市场交易过程中已具备一定的话语权,可以在一定范围内选择自己的较优客户,有一定实力说"不"了,这个时候也正是建立企业个性的过程。

大型企业已具足够的市场话语权和品牌实力,企业个性已趋完善,发挥企业个性魅力、影响力的时机已经成熟。企业的经营环境,包括政治、经济、社交环境均自然转化成了市场环境,一切都自动转化成了市场资源、企业资源,企业的一言一行、一思一想在市场环境中都具备了影响力价值。

另外,大型企业的竞争更多在文化的定位、文化的营造上。当进入同质化、同技术化所需周期越来越短的信息化技术时代,企业文化已成为原产品

的替代产品。最具说服力的就是美国的可口可乐与百事可乐的持久战。文化营造、文化联姻、文化借势已成为现代竞争的主要战略思路。

这就是企业文化的作用，可无为而无不为，可化腐朽为神奇，也可无中生有，创生价值。所以说，大型企业靠文化并非虚言。

企业文化作用的大小决定于它的文化结构，及其系统运作水平。

何为企业文化之文化结构呢？

我们先看看其组成。企业文化一般由文化的内核、文化的表象、文化的活动形式组成。

文化的内核主要是指企业的内在价值体系，在企业形象识别系统CIS里表现为理念识别系统MIS。

文化的表象主要有企业视觉识别系统VIS、品牌文化、制度文化、广告文化、服务文化、管理文化等，具体可以细化到企业统一的标志、标准字体、标准着装、标准的产品外包装、统一的门店风格、统一的对外宣传口号、统一的售后服务形式，等等。

文化的活动形式又有：定期的企业刊物、企业网站的维护、企业组织的各种有意义的娱乐活动、企业内根据节假日展开的各类内外在活动、企业参与的各类加强社会影响力活动，包括慈善或公益活动等。

以上企业文化的各种元素还将随着企业的发展继续壮大。但不论如何发展，企业文化建设的外在意义始终是围绕最高效实现企业战略目标这一主线。而战略目标又建立在对内外价值体系的平衡和辨证上，以求得价值最大化。

对价值的衡量是"心"的作用，"心"有多大量，就能容下多大的价值，实际反映的就是一个企业的"心量"。

另外，企业运作全是人的活动造就。企业文化建设的内在意义在于，如何调动人的积极性，以至追究到如何凝聚人心，发挥人心所向的能动性和创造性，使得员工都能全心全意、同心同德为企业做事，达成员工自身与企业共同的愿景。

因此说,企业表现的各类外观形式,或是企业目标追求,均是企业生命内在心理、心态的反映。外因终究要通过内因起作用,明了内因,掌控于外,即是对资源价值的最大化。

三星的企业文化理念是"我们默默地改造世界",人们想到这个理念的时候,内心不可避免地会产生一种职业的成就感,甚至崇高感。

再比如,《华为基本法》开篇:"华为的追求是在电子信息领域实现顾客的梦想,并依靠点点滴滴、锲而不舍的艰苦追求,使我们成为世界级领先企业。"一方面,它能够让客户有一种良好的感受,另一方面,它也让华为的员工有了一种使命感。

微软、谷歌等大外企的企业文化一直为人津津乐道。微软的员工可以不用打领带,谷歌的员工可以带宠物到办公区域,并且有20%的工作时间可自由支配,可玩游戏,打纸牌,甚至去保健室按摩、蒸桑拿等。

我们谈到这些企业文化的表现形式,言辞中总是透出羡慕。欧美等发达国家已经将企业文化作为一种常规的管理工具,通过这一工具,将精心拟定的企业目标和策划转换为实实在在的业绩。

比方说,美国天然气与电力公司为了让员工幸福地工作,倡导"亲密无间的上下级关系"的企业文化,格外提倡人文主义,具体来说就是尊重员工、允许员工犯错误及公司重大决策下放,每一个员工都有自己应有的决策权,企业为他们制定了专门的渠道来反映自己的心声;

再看看联邦快递,他们独创了"员工特殊法庭"。如果员工认为自己的权益受到直接领导的侵犯,可越级向上级领导提起"诉讼",上级领导必须在7日内召开一个"法庭",公开"审判"并做出"判决",听证陪审一应俱全。此外,联邦快递还定期通过评选,用优秀员工孩子的名字给公司的飞机命名,极大增强了员工的归属感;

戴尔公司的秘诀则是,每逢圣诞节,全体员工都可以放假一星期,另加10天的有薪假期;

高盛基金公司在员工夜晚加班后,公司会派专车免费送他们回家;

英特尔为工作了2~3年的员工制定岗位轮换计划,让那些有潜力、有能力、对组织忠诚度较高的员工在公司内部尝试不同的工作岗位,帮助其向资深的技术专家发展。

当然,中国企业有其文化层面的特殊性,涉及到国情、国力和古老含蓄的东方文化的直接或间接影响,不能完全照搬西方国家的企业文化形式。

8.一个简单有效的愿景建设模式

乔布斯说:"凡是能塑造价值观、制造英雄事迹、立下仪式典礼和重视文化网络,因而树立独特风范的公司,都居于优势。"这为无数的公司树立下企业文化榜样的楷模,引导着众多的钦慕者追随左右。企业文化,对中小企业来说,总有些可望而不可及。如何简单有效地建立起属于自己的企业文化并步入成功呢?

下面提供一个简单有效的愿景建设模式给领导者借鉴。

第一,先从英雄故事入手

一般的企业文化建设,往往从提炼价值观、公司理念哲学入手。价值观理念处于企业文化的核心位置,不过,中小企业设计企业文化的时候,不一定从这个核心入手。从理念入手难度大,也容易枯燥无味。其实,最好的价值观都是通过故事来体现的。因此,专家们建议从总结公司的英雄故事开始。

英雄是谁:老板、创业元老、销售精英、开发骨干、付出最多的员工,等等。

故事分为三类:

(1)老板的创始故事(公司是怎么来的? 公司是怎么创办起来的?)。

（2）公司骨干人员如何成长起来的（经典的销售、开发、服务故事）？

（3）公司普通员工故事（新人是怎么样迅速融入公司的？）。

（4）公司过去做对了哪些事情让人津津乐道。

怎么收集故事：

（1）采访。采访老板、创始人、老员工、部门主管。让他们讲讲"老红军长征"的故事，这些故事里面就可以找到公司成功的精神。

（2）征集。请各个部门配合，总结他们部门在过去做得好的故事和案例。

（3）讲故事或征文比赛。在这些故事中，会逐步总结出公司理念方面的东西。

第二，设计仪式典礼

企业文化是一种阐释和复制的过程，把公司最有价值的思想和方法让所有人最快地掌握，从而减少摸索，减少损失。同时，又能把公司内部的好的实践尽快地得到传播。不管是从上往下的传播，还是从下往上的传播，都要讲究传播方法和效果。

为什么要总结故事？因为大家愿意听故事，从故事中比较容易感悟到那些应该知道的。为什么要有仪式典礼？也是这个道理。大多数人站在领奖台上接受嘉奖的时候，血液循环都会发生变化。大多数看到别人获奖的人，也会感觉到公司倡导的是什么。即使是原来说自己是很漠然的人，对荣誉无所谓的人，一旦置身在仪式的氛围中，都不一样。

做哪些仪式：

（1）新员工介绍——员工转正——员工晋升——员工生日

（2）周年庆典——年终庆典——销售誓师大会——销售庆祝大会——各类奖励

（3）早上一起跳舞、做操、列队、口号

（4）各种团队比赛

怎么做仪式举例：

（1）一个同事有好消息，其他同事击掌相庆。

(2)表彰公司创业元老,他们体现了公司需要的做人做事方法。

(3)每月一次的团队评比,表彰公司倡导的团队行为。

(4)做各种活动,在活动中设计游戏,奖励公司倡导的行为。

(5)以员工名字命名员工的发明创新或改进。

(6)销售回款则发糖奖励。

第三,重视非正式的文化网络

公司文化在故事中流传。流传的途径,上面说的是正式的仪式,还有一个是非正式的文化网络。用"小道消息"说文化网络可能有些冒犯,但对于大多数普通员工,这种非正式网络的影响,比正式场合的影响大得多。所以,有了好的企业精神,英雄故事,公司的理念,不能只是在正式场合传播,还要通过小道消息流传。通过非正式的方式讲出去。比如在吃饭聊天时候讲的故事,比公司正式会议上的故事让人印象深刻。因此要培养公司"讲故事的人",推动积极的"非正式团体"。

第四,总结提炼公司价值观

在总结故事、举行仪式、重视文化网络这些工作的基础上,开始总结公司价值观,并且把价值观放到那些故事和意识中去。在这些工作开展起来之后,可以有个正式总结提炼价值观的过程。

公司理念主要包括哪些方面:

使命:也就是电子游戏中开始经常出现的一个词"mission":"我们是做什么的?""我们要到哪里去?""我们的未来是什么样的?""我们为什么要到那里?""我们的顾客是谁?""我们能为顾客提供什么价值?"

远景:比较形象地描述这个使命,是个具体的看得到、听得懂的画面。

价值观:用乔布斯的说法,使命就是要去的方向,价值观就是想到达目标该做的事情。

目标:公司远期、中期、近期的目标是什么?

怎样总结使命和愿景:

这个通常是采访老板,由老板描述他最初创办企业的时候是怎么想的,

他心中激发自己的那个梦想,他从工作中发现的意义和乐趣。作为补充,也应该去骨干员工中收集总结和归纳。如果能把骨干员工的创新编进公司的价值观体系,对员工的激励将非常明显。

使命和愿景,大多数企业创始人都有,但他们都没有表达出来形成文字。现在就需要创造一个轻松的场合,让老板讲出来,写下来。公司使命和愿景一定是来自公司创始人的思想,外人能做的,是把模糊的想法清晰化,零散的表述系统化,以及通过善意的提问把创始人的思维打开,以及智囊的力量让老板的思考格局更完善。

使命来自老板,价值观往往也是出自老板的讲话。但,管理专家指出,最好由员工参与总结价值观,这样的效果更好一些。可以采取下面的形式:

(1)总结从创业到现在,公司到底做对了什么,公司到底做错了什么。把做对了的总结出来,就是价值观的备选。但开始的时候,人们往往以为这好难哪,一旦做起来,就发现团队的总结和创造力比自己想象的要大得多。而且总结的过程就是团队学习和提升战斗力的过程,很值得去做。

(2)把总结出来的进行分类汇总,列出10多条最重要的原则。

(3)把这10多条按照重要性排列先后顺序。

(4)只保留5条以内。因为多了以后不方便记忆,也就失去了意义。

(5)定义价值观。给每一条价值观加3句解释,也就是如何做?给每条价值观都对应上公司的真实故事。做到什么,就可以体现这些价值观。

如何修改完善:

在正式仪式中,非正式网络中,要不断地强调这些观念,不断地讲与观念对应的生动故事。内部对新员工讲,外部对客户和合作伙伴讲,反复地不厌其烦地重复同样的观念和故事。

第五,公司环境和氛围

企业文化是一个长期改进的过程,不是说一朝一夕就可以解决的,而是要在长期的日常工作中体现出来。

企业文化管理人员就是这样的"护法者",他们每天都在看着公司是否

在言行一致地执行任务。发现好的新的故事,他们会马上总结下来;发现违背的地方,他们会马上提醒出来。以前有一句管理名言"每个主管都是人力资源主管",这句话也可以改为"每个主管都是企业文化主管"。

而企业文化能否真正落到实处,除了在上述方面做持续改进工作外,最终将体现在日常管理中。所以公司管理部门的管理者能否体现公司文化的要求,是公司环境和氛围的关键点。

沟通启发

——深入内心的沟通才能赢得人心

所谓圣人，说到底就是那些先知先觉者，他们领悟了大智慧，又用来启发那些后知后觉的人。我们的领导者，就应当是这种先知者。我们最大的本事不是自己领悟，而是通过沟通，启发众人觉悟。

1.沟通的N个层次

曾经有人这样比喻：一把坚实的大锁挂在铁门上，一根铁杆费了九牛二虎之力，还是无法将它撬开。钥匙来了，它瘦小的身子钻进锁孔，只轻轻一转，那大锁就"啪"的一声打开了。铁杆奇怪地问："为什么我费了那么大力气也打不开，而你却轻而易举地就把它打开了呢？"钥匙说："因为我最了解他的心。"

是的，深入内心的沟通，才能赢得人心。

初级沟通：信息交流

第一个层次的沟通叫做信息交流。沟通一向是、现在是、将来也依然是企业中的重要问题。作为管理者，你必须清楚地表达你对未来的要求和对结果的看法。

在企业的日常管理中，信息交流的最好方法就是开会。很多时候，我们在会议中对一周的工作状况进行总结，对接下来的工作做出计划，大家在会议上交换彼此的信息，了解工作进度。现在很多中小型企业的老板只用一个电话交代任务，却不善于与员工面对面交流信息，最后造成信息中断，影响了工作效率。

最低层次的沟通就是你和大家有信息的交流，但是你可能会发现，很多时候我们开会时又仅限于交流信息，结果会开完了，效果却不明显。其实这个时候，沟通就要上升到一个较高的层面，即知识传导。

中级沟通：知识传导

一个企业由不同部门组建，不同部门人员的知识层次参差不齐，有研究生、本科生、高中生甚至还有小学水平的人员，不良的沟通必然会降低

企业的工作效率，甚至可能导致错误。所以为了平衡差距的悬殊，必然要有类似于培训之类的知识传导，这也是一个新员工一定要接受培训的原因。

积极沟通，传导知识，互补不足，尽量减少企业中"有理说不清"的现象。但是很多时候，这种沟通只是硬授予知识的被动沟通。就好像我们中国的应试教育，老师照本宣科地给学生传授知识，教授学生解决特定的题目用特定的方法。所以这个层面的沟通只是"授人以鱼"，而不是"授人以渔"。如何"授人以渔"，我们需要高一层面的沟通——智慧启迪。

高级沟通：智慧启迪

智慧启迪，顾名思义就是启发别人的智慧。启发别人智慧的关键在于启动慧根。就好比一条干涸的河，不论你怎么灌水都会无济于事，只有找到源头，并且启动活水，才能最终解决问题。

在企业管理中，企业领导者怎么样让自己的员工开悟，往往也是需要点醒的。所以一个企业领导者往往是也应该是一个善于启发他人智慧的人。启迪员工智慧，与员工有效沟通，这会是一个企业领袖的作风。

其实，企业老板与企业领袖是有区别的。正如李嘉诚所说："我常常问自己，你是想当一个团队的老板，还是一个团队的领袖？"很显然，愿意做领袖。老板只是简单地支配下属，告诉下属前门不开就走后门；但是企业领袖却善于引导下属，教会下属正向找不着路，就从负向去找。现在企业界流行一个名词叫"教导型企业家"，"教导型企业家"不是一个简简单单的企业老板，而是一个善于启迪员工智慧，培养员工才能的企业领袖。在这样一个世界上，不断受到启示的时候，知识就会发生裂变。所以智慧的启迪就是点醒他人。

特级沟通：情感融通

在很多情况下，企业领导者尝试与下属努力沟通，可是信息交流依然不畅，知识传导依然有误，智慧依然无法启迪，在沟通中依然存在很多障碍。怎么办？其实这个时候，打通情感是最好的办法，因为情感融通了，其他的就比

较容易沟通了。就好比你要下属去执行任务,但是下属对你有偏见,他不喜欢你,那么你就要转变他的情感,让他喜欢你,愿意接受你。

其实人既是一种理性的动物,又是一种感性的动物,但本质上人还是一种情感的动物。几乎所有的人,除了极少数的极端分子之外,都过不了情感这一关。情感融通之后,就会是我信赖你,我喜欢你,我爱你,所以很多的领袖人物往往会爱他的士兵,他的士兵也会拥戴他。这种爱戴、拥戴就打通了情感,拉近了上司与下属之间的距离,形成了良好的沟通。

超级沟通:精神默契

心领神会,达成共识,这个沟通就是到了无影之间的精神默契。其实大家合作久了就特别有这种感受,就是你想的和他想的会一样,一拍即合。当沟通还处于技术层面的时候,就要用比如"我们沟通一下吧"这样的语言。但是在精神层面,就不需要语言的沟通,有时候只要一个眼神,彼此就都明白了。

又比方说一个球队里面,国界不是问题,年龄不是距离,身高不是差距,已经突破了语言、年龄、民族的障碍。在球场上,如果大声说"你从左面,我从右面,他从后路",类似的语言这么一喊,那么就完了。一支真正高水平的球队,只要那个人稍有表示,其他的人全都看明白了。这就是一种默契。

高层次的沟通是不沟自通。其实就是这样,心有灵犀一点通,有时候不点也会通,因为这会是一种默契,精神的默契,是神交的一个状态。在一个团队里面,如果大家都可以做到配合默契,就会减少很多不必要的阻力,提高工作效率。

2.学会"说故事",增进员工的心理认同感

M先生和一位年轻职员谈话,当时这位年轻职员正因营业额上不去而苦恼着,于是M先生是这样建议的。

"被人拒绝,也可能是胜负的关键!"

听到这句,这位年轻职员的脸瞬间抽搐了一下,说道:"这我也知道的,但是……"

从此,这位年轻职员变得沉默寡言,而且找M先生谈话的频率也降低了。

"我想告诉他在和顾客长期沟通上下点功夫,这是我自己做营业员时积累来的经验。当然,我没有说我的做法是绝对正确的,但不管怎么说,至少可以给他参考参考,结果……我想我没有很好地表达我的意思。"M先生这样总结。

后来,M先生对这位年轻职员说:"我刚进公司的时候业绩一直不好,因此也特别苦恼。一次偶然的机会,我在电视上看到了一个传奇销售员的纪录片。他从事业的起步阶段就取得了持续性的发展,为了让顾客记住自己及自己的商品,即使被人拒绝,也会定期拜访顾客。有时候顾客不在,他就在对方的桌子上留一张便条。这样坚持了五年。

"第六年,他的事业开始爆发性地增长。那些顾客纷纷被这位销售员的热情和毅力所打动,订单蜂拥而至。看到这个纪录片的时候我非常感动,我觉得我自己也应该这样试试。于是,我开始定期给顾客介绍公司的新产品,用各种方式与他们定期联系。即使被拒绝,也不放弃。我坚信只要我坚持下来,就一定能成功。半年后,我的业绩也开始渐渐增长了。"

一个星期后,情况有了转机。听了M先生的故事,这位年轻职员看上

去开心多了,不仅如此,他的营销动作也比以前增强了。虽然现在没法知道具体的数字,但是这位年轻职员的"意识"和"行动"都实实在在地发生变化了。

我们分析,这位年轻职员很可能从"被人拒绝,也可能是胜负的关键"中,解读出一些消极的含义,比如"你没有毅力"、"你不够努力,自然没有业绩"等。尽管这位年轻职员从理智上能"理解"M先生的话是对的,但是他在"情感"上恐怕就不能接受这种话了。更进一步说,虽然说这位年轻职员知道"被拒绝才是胜败的关键",但是他并不清楚该如何具体操作。

但是,当M先生以故事的形式再次和这位年轻职员分享自己年轻时的经验之后,这位年轻职员就完全卸下了心理防御——因为那句话不是对他的"否定",而是一种可以参考的"智慧"。

如果这位年轻职员在倾听上司的故事时,能将自己想象成故事的主人公,并产生"如果是自己,又该怎么做"的想法,那他就处于"共感"状态了。

再者,当这位年轻职员看到自己的上司并没有放弃自己,甚至还耐心地帮助自己时,那两者之间的信赖关系自然会有所加强。而如果M先生什么都不做的话,下属的工作就有可能继续停滞了。

所以,优秀的领导要学会"说故事",增加员工的心理认同感。

3.掌握"旁敲侧击"的艺术

对一些非原则性的问题,要做到既能表达出对对方的不满,又不至于破坏彼此间和谐的人际关系,确实是不太容易。话里藏话、旁敲侧击不失为理想的武器。

　　侧面点拨,即不去直言相告,而是从侧面委婉地点拨对方,使其明白自己的不满,打消失当的念头。这一技巧通常借助于问句的形式表达出来。

　　如:A与B是一对好朋友,彼此都视对方为知己。有一次,本单位的青年C对A说:"A,我总觉得B这小子为人有点太认真了,简直到了顽固的地步,你说是不是?"

　　A一听C的话顿生反感,心想:你这小子在背地里贬损我的好朋友缺德不缺德?但A又不好发作,于是假装一本正经地说:"C,我先问你,我在背后和你议论我的好朋友,他要是知道了会不会和我反目为仇?"C一听这话,脸"刷"地一红,不吭声了。

　　这里A就使用了委婉点拨的技巧。面对C的发问,A没有直接回答"是"还是"不是",而是话题一转,给对方出了个难题,而这个难题又正好能起到点拨对方的作用,既暗示了"B是我的好朋友,我是不会和你合伙议论他的",又隐含了对C背后议论、贬损B的不满。同时,由于这种点拨较委婉含蓄,所以也不至于让对方太难堪。

　　还有类比敬告,即以两种事物具有的某一相似点作比,暗示敬告对方言行的失当,使之明白自己的不满。

　　例如:A公司的经理在一次业务谈判中,受到了B公司工作人员的顶撞。A公司的经理气冲冲地给B公司的经理打电话说:"如果你们不向我保证,撤销上次那个蛮横无礼的工作人员的职务,那么,显然是没有和我公司达成协议的诚意。"B公司的经理听了,微微一笑说:"经理先生,对工作人员的态度问题,是批评教育还是撤职处理,完全是我们公司的内部事务,无需向贵公司做出什么保证。这就同我们并不要求你们的董事会一定要撤换与我公司工作人员有过冲突的经理的职务,才算是你们具有与我们达成协议的诚意一样。"A公司的经理顿时哑口无言。

　　在这里,B公司的经理就很好地使用了类比敬告的技巧。虽然说A、B两公司有很多不同之处,但有一点却是相似的,即A、B两公司对工作人员或经理的处分完全是各公司内部的事务,与对方有没有诚意无关。B公司的经理就

是抓住了这一相似点作比,从而敬告对方所提要求的过分和无理,表达了对态度蛮横的A公司经理的不满。

需要说明的是:虽然这种技巧表达不满的语气也较明显,但它毕竟不像"直言相告"这种技巧方式那样带有警告的成分,所以称之为"类比敬告",而不是"类比警告"。

4.给下属留有余地

记得以前看过一则小故事,说的是有一个小画家受到了人们的推崇,因为他的画只画在画布的下半部分,而上半部分则是空的,人们对他的"半边画"产生了浓厚的兴趣。人们甚至猜测这个孩子在画画时刻意留白是为了给予他们更多的想象空间和意境去体会,尽管后来大家发现原来是因为孩子个子太矮,够不到画布的上面而已,但是人们还是愿意购买他的画。等到这个孩子长大了,个子也足够高了,开始满画布地画时,他的作品却反而无人问津了。

团队之中也需要"留白",要给予他人更多的空间去思考,去体会,去消除误会。中国有句老话,叫"一切尽在不言中",很好地反映了其中的真谛。

孙犁是一家公司的副总,做起事来雷厉风行,绝不拖泥带水,手下人都很怕他,背地里叫他"孙老虎"。

一次,孙犁给下属小李打了一个电话,布置了一项重要且复杂的任务,并要求小李三天后给出结果。对于孙犁的指示,小李自然是唯唯诺诺,满口答应了下来,可一挂电话,他就开始嘟囔起来:"孙犁还真是个孙扒皮,这个任务怎么可能三天就做完,真不是人做的,简直是个神经病。"

刚嘟囔完,小李一转头突然发现孙犁就站在自己背后看着自己。原来孙犁刚才布置完任务之后,觉得有些细节说得不够清楚,于是就想直接过来当面给小李嘱咐几句,结果刚好碰上小李抱怨。

小李心里顿时感觉像腊月里被浇了一桶冰水,呆呆地看着孙犁。不料,孙犁只是对他笑了笑:"小李,我刚才电话里没法讲得特别细,这里刚好有我以前研究过的一些材料,你拿去看看,有什么问题再来找我。"

说完,孙犁转身进了办公室。

小李并未对孙犁的"不表示"感到庆幸,而是担心孙犁记恨在心,不由得忧心忡忡。

三天后,小李因为整体处在担忧的状态,并没能很好地完成任务。而孙犁并没有像他想象中那样给他找点麻烦,只是指出了其中的几个问题,让他继续完善。

一段时间后,小李明白孙犁并不打算计较那次背后的咒骂,才恢复了状态。

在这个案例中,孙犁表现出郑板桥所言的"难得糊涂"。小李的这个过失实为无心,对于团队而言并没有大的伤害,但也不能姑息,否则让团队内一直流传着不一样的声音对团队的凝聚力也是一种伤害。对于小李这样的行为,优秀的团队领导者可以表现出适度的宽容,更容易得到下属的敬佩。而对于小李而言,这次是一个教训。作为团队跟随者,非常忌讳这种"无心"的多言。

5.保持一个"安全距离"

寒冷的时候，刺猬们就会开始聚集取暖。但因为它们浑身都长满了尖刺，如果靠得太近，反而会伤了彼此；离得太远，又达不到相互取暖的效果。于是，刺猬们就微妙地保持着一个"安全距离"，有了这个距离的存在，它们既不会扎到对方，又能达到取暖的目的，非常神奇。

这就好像是我们彼此之间的相处，当我们彼此依靠的时候，能够凝结出有益的能量；但是当人与人之间走得太近时，性格、个体的差异就会带来许多矛盾和冲突。所以人与人之间相处，既不能太远，也不能太近，需要有刺猬取暖时那个"安全距离"的存在。用来形容恋人之间微妙关系的"距离产生美"，就是这个意思。

马明明是一家公司的年轻主管，刚从大学毕业三年，而部门里大多是刚毕业的小姑娘，那些小姑娘平时都把马明明当大姐姐对待，有什么心里话都会私底下和马明明说。不知不觉地，马明明手下的小姑娘都习惯在下班后找马明明诉说自己的不开心，从和男朋友吵架到是否买车买房，每个小姑娘在马明明面前都敞开了心扉。

马明明刚开始很开心，觉得这样有利于形成一种融洽的团队氛围，那些小姑娘能这样和自己推心置腹，说明她们对自己绝对信任。可是时间一长，马明明就发现自己开始头疼，基本每个小姑娘都告诉了她一些他人不可能知道的隐秘。自己虽然在处理她们个中关系的时候比较得心应手，但是一旦批评起来，总会得到这样的反馈："马姐，你是不是因为知道我的秘密开始疏远我了。"那些小姑娘亲热地叫出来的"马姐"也开始显得有些刺耳，马明明仿佛成了一个"知心姐姐"。

团队内的关系融洽，并不意味着团队领导者和团队成员要走得非常近。领导者与下属之间"亲密无间"，也并不一定就是一件好事。团队成员彼此之间最根本的关系还是工作关系，如果突破了正常的同事关系，反而容易给工作带来障碍。我们调研的不少失败的团队，很多都是因为在团队组建初期有一位"知心姐姐"式的领导，没有区分清楚工作和生活，没有理清团队融洽的真谛，到后来团队文化和精神面貌就出了大的问题。

王猛最近被公司委以重任，调到一个地方城市打头阵。得到上级领导如此信任，王猛自然干劲十足。

王猛做事，人如其名，非常的刚猛，他事事冲在前线，每天都是早早到了公司，晚上也总是忙到深夜，对此，下属们都十分敬佩他。李芳芳是王猛的副手，十分认同王猛的做事风格，自己也是一个"拼命三娘"，也十分庆幸有这样一个领导。

时间一长，王猛由于缺少休息，经常做事颠三倒四，顾不上很多细节，同事们也开始有些微词，但是李芳芳还是很坚定地站在王猛一边，支持他的每个决定。一次，晚上加班后，王猛与李芳芳出去吃夜宵，也许是最近太过疲倦，王猛开始"倒苦水"，而恰巧李芳芳又是一个很好的聆听者，王猛不禁打开了话匣："芳芳，你不知道我最近多苦，我现在实在太忙，连内衣都没时间洗，现在身上这件都已经有几天没洗了。"

李芳芳开始还在很有耐心地听王猛倾诉，也感慨领导的不易，不料王猛突然说到这种话题，她不禁一阵脸红，感到恶心，仿佛心口里堵了一只苍蝇。随后，她就找借口终止了这次谈话。

从这次夜宵之后，王猛明显感觉到李芳芳和自己疏远了很多。

作为领导者，与下属之间还是应该保持一定的距离。尤其是与下属存在性别差异时，领导者更需注意自己的言辞。有时领导者在无意中随口说出的一句话，很可能就会伤害到自己的忠实跟随者。作为领导者，要永远明白，你是团队的领路人，你的方向正确了，大家才能齐行。在面对团队成员时，"等距离化"是一个非常重要的方向性的法则——否则就会伤害人，疏远人，离

间人,分化团队,搞垮团队。

何其,人如其名,在办公室里,从来都是与大家和气一团,几乎没有人看到过他和谁红过脸。何其的性格比较内向,做事也慢吞吞的,他的人生信条就是做一杯温开水,不冷不热,平静无波。

每次办公室里评先进时,何其总是人云亦云随大溜;而每当办公室里发生争论时,他又总是三缄其口,互不相帮,在一边慢条斯理地做自己的事,仿佛什么都没发生。

但是,有的时候,越是躲麻烦,麻烦就越会找上门来。何其手下有一个实习生小刚,不小心损坏了市场部的一台相机。市场部主管汪涛立刻来找何其,要求小刚赔偿。

这台相机是国外进口的,损坏虽然不算太严重,但是维修起来还是要一笔不小的费用。小刚也在向何其寻求帮助。

这下,何其犯难了,不赔吧,要得罪汪涛,而如果让小刚赔了,这个数目又有点大,传出去比较损害自己的形象。思前想后,何其决定,索性自己出了这笔费用,两边都得好处。

何其本以为这次算是破财消灾了,但没几天,没有得到足够教训的小刚又把市场部的DV给摔坏了,这下何其真的傻眼了。

何其这个好好先生当得有点过了,之前那次帮小刚垫钱,倒可以认为是一种对员工的变相关爱,但他至少应该跟小刚好好谈谈,告诉他应该从此事中汲取教训,避免以后再犯。如果仅仅是为了"两边不得罪"这么可笑的目的,就显得太肤浅了,这样的工作方式是无法解决问题的。

6.与下属沟通——诚意关心做表率

一位30多岁的研究生被提拔任命为一个课题组的组长，第一天走马上任，便烧了"三把火"。早上到了办公室他就组织开会，对着曾经比他年长的同事，安排一通儿工作，对老王说："你管采购，把你的工作梳理一下，该付款的赶紧完结了。"老王一下子没回过神来，丈二和尚摸不着头脑，因为之前工作的流程并不是这样安排的，很灵活。

他接着对老唐说："你管销售，七天以上的合同赶紧去催。"老唐盯了新领导一会儿，扭过头。他对新员工小李说："把你的工作整理一下，向我汇报。"小李心说："哼，我才来了五天，上周才进行的新员工培训，我还不知道从哪里入手呢，我怎么向你汇报？"小李也没吱声，去做自己的事情了。

新官上任的第一天，大家就在沉闷、压抑的氛围之中度过了。久而久之，曾经的同事和他的关系大不如以前，彼此间的关系越来越疏远。曾经的同事变成了下属，大家都变得判若两人，每天早上上班的时候，要不就耷拉个脸，一脸不情愿，要不就是踩着九点上班的铃声进来，一个个就像霜打的茄子。

正如美国心理学家马斯洛的层次需求理论，职场多数人会追求自我价值的实现，深信自己通过辛勤工作和卓越表现成为企业提升的最佳人选。即使不得不承认主管比自己强，可感情上仍难以接受，往往莫名其妙地就产生敌视和不予合作的态度；更有甚者，在嫉妒心的驱使下，会出难题，找麻烦，不服从主管的工作指令，甚至处处拆台等。

我们建议，和下属沟通要做到以下几点：

让下属感受到你恰如其分的关心

作为一名主管,要赢得下属并让下属心甘情愿地为你赴汤蹈火,首先要让下属感受到你恰如其分的关心,这比送任何礼物都重要。

关心下属的家庭和生活。幸福的家庭生活是干好工作的基本保证,如果员工因家庭生活而分心,就无法高效地完成任务,也会影响工作的心情。

关心下属的健康。身体是革命的本钱,下属身体的健康状况直接影响工作任务的完成情况。同时,在下属住院期间,上级的探望可以树立上级在下属心中的地位,这样更有利于工作的开展。

记住下属的生日,给予祝福。下属过生日时,上级的祝贺不仅让他感觉到上级的关心,同时可以提高下属以后工作的热情。

下属犯错误的时候,不要一味责骂与批评。先安抚再批评,找出原因,积极解决问题。

站在下属的角度思考他们的需求。恰当的关心可以使我们与下属间建立起友好的关系,从而更好地开展工作。

与下属开诚布公地交流

当"官"不要像"官",要学学美国人的坦诚。和昔日同事开诚布公地谈谈,征求对此次人事变动的意见。让他们把心中所有的感受全部讲清,即使双方不能达成共识,不能彻底消除他心中的不愉快,至少他宣泄了感情,不会总在背后嘀咕。至少双方能用一种公平、坦诚的态度彼此相待,为进一步沟通迈出了第一步。即使他不讲心里话,起码他知道了新主管的友好态度和对他的尊重。

淡化"当领导"的意识,处处不摆官架子,以求取得昔日同事的认可。要与下属保持以前那种和谐良好的关系,一起吃饭,一起打扫卫生,自己能做到的事尽量自己做,不要吆五喝六。

安排工作时用商量的语气,用"你有时间吗?有空你去一趟……"这一类似的语言。如下属拒绝接受指派的工作,用平和的语气询问他们的理由所在,不必煞有介事地大叫大嚷;如果批评,也要注意场合、分寸,措辞不可太

激烈。做了主管后,讲话的分量就重多了,需谨言慎行。

与下属沟通用征询语气。不管昔日同事表现得多么不友好,新主管都要一笑了之,不去追根究底,用你的热情和诚恳去融化同事们的心。俗话说:"宰相肚里能撑船。"退一步海阔天空,何必意气用事。

季婷婷刚提升为科室主任,平日最要好的朋友小马总是对她冷嘲热讽。季婷婷在工作上仍然征询小马的意见,生活中对小马也十分关心。渐渐地,小马感到季婷婷提升以后还是那样热情助人,再也不好意思耍脾气了。

批评下属要"一对一"。当下属在工作中出现失误时,不要当众对其批评,而应争取用"一对一"的方式,语气不要太激烈,要使用建议、和缓的语气,这样的批评方式更容易让下属接受。

下属不友好,一笑了之,以德报怨,以诚待人。有些人是很难改变的,甚至可称铁石心肠,但大多数人还是通情达理,会逐渐被你的大度感化的。要相信,心诚则灵。

做身先士卒的好上级

(1)付出真心和行动。《论语》中说:"其身正,不令而行;其身不正,虽令不从。"能力得人心。选择好突破口,旗开得胜,树立威信,以后的仗就好打了;如果这火没烧好,可能会烧着自己,以后就可能步步被动。

20世纪50年代,日本索尼公司在经营上出现了问题。为了让下属了解实情,共渡难关,社长盛田昭夫在室外召开了全体职工大会。在盛田昭夫讲话的过程中,下起了大雨,秘书赶紧找到一把伞给盛田昭夫打开。盛田昭夫接过那把伞,他走到台下,把那把伞给了一位老工人,并在雨中坚持把话讲完。这件事感动了所有在场的下属,讲话结束后,下属们热烈鼓掌,久久不愿离去,并大声说:"社长,您放心吧,我们一定会加倍工作,共渡难关。"

(2)言必信,行必果。下属服从管理者的指导,其理由不外乎以下两点:一是因管理者地位高,权力大,不服从则将遭受制裁;二是因管理者

对事情的想法、看法、知识、经验较自己更胜一筹。"人不能被改变，只能被影响！优秀的领导只会身先士卒用行动影响团队伙伴，而不是指手画脚，试图去改变他们！"下属信任你，仰慕你，愿意听从你的指挥，那你就是他们的领导。

7.与同级沟通——平等协商没成见

与上司、下属沟通很重要，与同级之间沟通也十分必要。人是一种不能脱离群体的高智商动物，"独木不成林"、"孤掌难鸣"、"一个巴掌拍不响"等说的就是这个道理。

比如某单位有一个"小头头"，他与别的部门主管的关系非常紧张，人家责怪他太自以为是，太锋芒毕露——因为缺乏沟通，单位的正常工作近于瘫痪。

在一个以群体为主流的社会里，每个人的一生中至少有一半以上的时间必须跟各种各样的同事待在一起。学些做同事的方法，比如说，当你很不幸地沦入一群虎视眈眈的同事当中，你又不得不在这个群体中待下去的时候，你不妨学一学鲁迅"破帽遮颜过闹市"，把自己做人的姿态放低一点，这样保证你会拥有一大群每天都冲着你乐、冲着你笑的好同事。

古时候，一个丞相的管家准备修一个后花园，希望花园外留一条三尺之巷，可丞相的邻居是一个员外，他说那是他的地盘，坚决反对修巷。丞相的管家立即修书京城。看到丞相回信后，管家放弃了原计划，这让那个员外颇感意外，执意要看丞相的回信。原来丞相写的是一首诗："千里家书只为墙，让他三尺又何妨？万里长城今犹在，不见当年秦始皇。"那个员外深受感动，于

是主动让地三尺，最后三尺之巷变成了六尺之巷。

之前那个"小头头"听了这个故事后很受启发，现在，他和同事相处得非常融洽，且配合默契，工作效率也大大提高了。

宽容是甘露，是美德，它能化干戈为玉帛。如果同事之间能多一些宽容和理解，彼此间的关系也就不会那么难处了。一位名人曾经说过这样一句话："其实，人一辈子活着就是围绕周围那么几个人。"想想看，世界上有几十亿人，但你认识的有多少？你经常打交道的人又有多少？

一般来说，领导者在与同级做深入交流的时候，还要注意以下几个问题：

(1)同事之间有摩擦是难免的，即使对一件事情有不同的想法，我们也应具有"对事不对人"的原则。

用成绩说话，真正令同事刮目相看，即使有人对你有些非议，此时也会"偃旗息鼓"。当然，有了成绩后，也不应滋生骄傲的情绪，好像觉得"高人一等"。美国著名的成人教育家代尔·卡耐基认为："在多数情况下，同事间争论的结果只会使双方比以前更相信自己是绝对正确的——你赢不了争论。要是输了，当然你就输了；如果你赢了，还是输了。为什么？如果你的胜利使同事的论点被攻击得千疮百孔，证明他一无是处，那又怎样？你会觉得洋洋自得。但他呢？你使他自惭。你伤了他的自尊，他会怨恨你的胜利。而且一个人即使口服，但心里并不服。最糟糕的是，转过身来，你们还要不得不同在一个屋檐下共事。"

(2)领导者要做好与同级的沟通，必须克服锋芒毕露的坏毛病。

本杰明·富兰克林是美国历史上最伟大的人物之一，他在美国人心目中的威望甚至超过华盛顿。至今美国人民仍认为他是美国历史上最能干、最和善、最圆滑的政治家、外交家。

谈到如何与同事沟通，以柔克刚，富兰克林是这样表白的："我立下了一条规矩，"富兰克林说，"决不正面反对别人的意见，也不准自己太武断。我甚至不准许自己在文字或语言上措辞太肯定。我不说'当然'、'无

疑'等,而改用'我想','我假设'或'我想象'一件事该这样或那样;或者'目前在我看来是如此'。当别人陈述一件我不以不然的事时,我决不立刻驳斥他,或立即指出他的错误。我会在回答的时候,表示在某些条件和情况下,他的意见没有错,但在目前这件事上,看来好像稍有不同,等等。我很快就领会到改变态度的收获,凡是我参与的谈话,气氛都融洽得多了。我以谦虚的态度来表达自己的意见,不但容易被接受,更减少一些冲突;我发现自己有错时,也没有什么难堪的场面,而我碰巧是对的时候,更能使对方不固执己见而赞同我。

"我一开始采用这套方法时,确实觉得和我的本性相冲突,但久而久之就愈变愈容易,成为我的习惯了。也许50年以来,没有人听我讲过些什么太武断的话。我在正直品性支持下的这个习惯,是我在提出新法案或修改旧条文时,能得到同胞重视,并且在成为民众协会的一员后,能具有相当影响力的重要原因。因为我并不善于辞令,更谈不上雄辩,谴词用字也很迟疑,还会说错话;但一般说来,我的意见还是得到了广泛的支持。"

(3)领导者与同级沟通的时候,一定要紧睁眼睛慢张嘴。

千万不要在不适宜的场合,随便议论同级分管的工作。不仅自己要做到这一点,还应教育下属做到这一点。只有这样,才能在同级之间形成相互信任、互相友好的和谐气氛。有的同事的生活方式和思想观念都比较前卫,许多的私事不喜欢让人知道,哪怕是最要好的朋友。他们比其他的群体更注意捍卫自己的隐私权,所以你可别轻易侵入对方的这个"领地",除非对方自己主动向你说起。在他们看来,过分关心别人的隐私是没有修养的低素质行为。这就意味着你与这类同事在一起时,得掌握交友的尺度。工作或是信息上的交流,生活上的互助,或是一起游玩都是让双方感到高兴的事,可别介入他们的隐私,不然对方会把你看作是无聊之辈,轻视了你。

记得有一副对联:上联,闲谈莫论人非;下联,静坐常思己过。在和同事沟通相处的过程中,这是一条准则。俗话说:"病从口入,祸从口出。"因此,上

班工作时间,尽量多做事少说话。这样做既可以让自己多积累工作经验,又可以让繁忙的工作填充多余的时间,避免无聊时闲谈别人的是非。即使在工作之外,亦不要对同事评头论足,但谁是谁非,心中自然明了。

同事之间相处久了,难免磕磕碰碰。诸如此类的鸡毛蒜皮的小事,也不要去计较。即使有时遇到同事的造谣、诬蔑、陷害,也要把这种不愉快当成蛛丝一样轻轻地抹去。你要坚信,身正不怕影子歪,事情终归有水落石出之日。对那些曾经伤害过你的同事,只要风波已过,绝不要再耿耿于怀,因为"金无足赤,人无完人"嘛。"得饶人处且饶人"是最明智的抉择。更何况扪心自问,自己有没有过错呢?多一点反省,予人快乐,予己方便。

8.和上司沟通——让上司看到你的价值

相信参加工作后,我们每个人都有一个美丽的梦想,那就是遇到一个欣赏自己的"伯乐"似的上司,可以让我们这些"千里马"能够青云直上,事业成功。可现实是不可能这样完美的,我们不可避免地会遇到一些不欣赏自己的上司。上司不欣赏我们,或许是因为我们的能力,或者是我们的性格,有时甚至什么也不是,就是看我们不顺眼。

如果你的工作完成得很好,你的业绩也不错,你的下属也很爱你,但你的上司可能不喜欢你,因为你只知道做自己的工作,只知道怎么管理你的下属,不注意上司怎么看你。

所以,不管你是主管也好,普通职员也好,你都要懂得怎么当下属,怎样让你的上司喜欢你,器重你,提拔你。这就需要我们学习与上司沟通的技巧。

主要有6点：

(1)不要怕和上司多说话

当你刚开始与上司相处时——不论你是新手或这位上司刚走马上任，不要怕和上司多说话，上司问问题以及交给他相关工作资料。但也千万别喋喋不休地说个不停，除非你确定你的上司喜欢听你说这么多话。

因为，上司希望得到对工作有热忱的员工，所以表现你对工作的热爱，以及适时指出公司需要改进的地方，是与上司沟通的好方式。如何做到呢？我想，首先，自己的本分要顾好，对公司业务更要有深刻的认识。因为当上司在考虑提拔的人选时，对公司越有深入认知的员工，和上司沟通越多的员工，越有被升迁的机会。

我有一个500强企业做高管的老同学，他告诉我，公司曾有个下属，喜欢在会上提意见，只摆问题，很少有解决方案，有时听起来很让人恼火，因为他的话语很尖刻，这样一来，他的人际关系就出现了问题：一是由于他提问的方式问题，很难让人冷静接受，更别提采纳了；二是由于他不注重建言献策的场合，导致上下级之间的关系产生磨擦与矛盾。因此，如何向领导建言献策，有一个方法和技巧问题，就是接下来的"场景语言"。

(2)讲究场景语言

下属向上司建言献策，更要讲究场景语言。一般来说，下属向上司建言献策，最好选择个别交流或在专门工作会议上反映。上司能否采纳，这是上司的事情。上司会站在企业发展全局的高度，审视你的建议或方案的科学性、系统性和可操作性。如果领导最终未能采纳下属提出的建议，作为下属，也要对上司给予理解和宽容。

(3)学会欣赏上司

有的下属看不起上司，抱着"你当年如没有我帮助，哪会有今天"这种不切实际的想法，其实是自不量力的表现。因为不论他是靠什么人成功，或全靠运气，好歹他今天是在管你，而不是你在领导他。所以，能够脚踏实地地跟着领导干事的作风，是一个人通向成功的门票。

撇开人格不谈，单就公事而论，上司必有值得下属学习的地方。例如，他沉着、遇事冷静、富有冒险精神或公私分明等，总会有你不及之处——问题是你能否放下不满之心去欣赏别人。在上司身上找寻一些能令自己欣赏的地方，可以把许多怨气消除，更重要的是可以学到自己没有的长处。

(4)努力学习，充实自己

既然我们认识到上司必有过人之处，那你要不要去努力地学习？肯定要的。做下属的，脑筋要转得快，要跟得上上司的思维。

因此，你不仅要努力地学习知识技能，还要向你的上司学习，这样才会听得懂上司的言语。上司说出一句话，你要能知道他的下一句话讲什么，也就是要听得懂他的言语，跟得上他的思维。如果你不去努力学习，你的上司想到20千米处了，你才想到5千米的地方，你跟上司间的差距就会越来越大，他是没法提拔你的。很多人都想超越自己的上司，这是非常可贵的精神；但要超越你的上司，先要学会他"那一套"，然后再谈超越他。你连上司"那一套"都没有学会，更谈不上超越了。因此，做下属的，要不断地学习，学习你的上司，不断充实自己，才会提升自己，获得上司的赏识和提拔。

(5)变压力为动力

有时候，即使你努力了，学习了，进步了，但还是会遇到不公平待遇。胡一夫老师就建议你，将自己受到的不公平待遇作为自己离开那份工作、谋求更大发展的巨大动力，当然，这个方法适应那些对现有工作不十分依恋的人。我有一个学生，虽然他只有大专文凭，人却十分聪明能干，可惜他的上司却不这么认为。所以他在那个单位工作了很久，却一直没有得到提拔。前段时间，与他电话联系时，竟然得知，他已经顺利地成了一所重点大学的研究生。后来，他告诉我，每当他受到不公平的待遇时，他不再像别人那样愤愤不平，而是转换为离开那个单位、实现自己远大理想的巨大动力。

(6)分享与谦卑

将一元钱平均分给两个人,则每个人的钱会减半;如果将一份快乐与喜悦分给两个人,那么这份快乐便会加倍。人类本为群居,你中有我,我中有你,无论是快乐与痛苦都会相互影响,因此,职场得意的你,请你真诚地与团队其他人员分享你的快乐,你会得到更为愉悦的回报。

人往往有了荣耀,便开始自我膨胀,个人的涵养与底蕴就不足以支撑你的那份荣耀。慢慢的,自会招人非议,同事们会在工作中处处与你作对,使你碰钉子。对刚刚踏入职场的大学生,获得荣耀固然可贵,但保持谦卑则更为重要。

要不卑不亢不容易,但"卑"的力量要胜过"亢"的力量:对人要更客气、更尊重,荣耀越高,头就要越低。成绩面前总提自己的荣耀,就会变成"吹嘘"。事实上,你的荣耀大家早已知道,何必再提呢?如果你独享那份荣耀,就是在威胁别人的生存空间,因为你的荣耀会让别人变得暗淡,产生一种不安全感,而你的感谢、分享、谦卑,却可以换来上司、同事们的尊重。

9.一定要重点关注能提高效率的人

很多管理者也普遍面临着这样一个问题:面对自己的团队,总无法指挥、协调好每一位下属的工作。

管理者不但要做好自己的工作,还要花时间和精力去关照每一位下属,对此,大多数管理者都极为苦恼,往往感到力不从心,顾得了这个人,就顾不了那个人,总有照顾不周的地方。

从《西游记》里挑一个事件作为我们的案例来分析。这次的案例是白

骨精事件。相信大家都知道，"三打白骨精"事件中，唐僧和孙悟空产生了
巨大的分歧，以至于孙悟空一怒之下返回花果山，直到唐僧遇难才再度
出山。

唐僧是一种典型的完美型性格,在一般冲突面前,总是力图避免出现人
际关系紧张的状况。完美型本来就寡言少语,感情很少外露,在精神紧张的
时候他们会变得更加内敛,尽量回避与人接触,尽量避免暴露自己的情绪。
从前在观音院、在黄风岭、在流沙河、在五庄观,尽管唐僧对孙悟空多有不
满,却始终采取了克制的态度。因此,当唐僧忽然变得如此强硬专横,几乎让
所有的人都大吃一惊。

从正常行为转为冲突性行为,并不是一个人有意识地选择,而是一种本
能的防范性反应。由于这种防范性反应,当事人在行为上变得十分僵硬,不
再像以前那样,会根据人际关系的需要做出适当的调整,此时恰恰相反,通
常是不顾别人的愿望和感受,只图自己情绪的宣泄和一时痛快,办事容易走
极端,说话也不顾后果,唯我独尊,不肯退让。

从白骨精事件中,我们发现猪八戒与孙悟空之间也产生了冲突。在正
常情况下, 活泼型性格的人总是喜欢营造一种轻松幽默的人际氛围。当
冲突发生之后,这种"以人为中心"的社会取向也使得他们会冲着对手谩
骂、嘲笑,以发泄怒气,肆无忌惮地对别人发动人身攻击。如果他们无法
冲着对手发火,他们就会另外寻找一个发火的对象。让人奇怪的是,活泼
型的人在大发雷霆之后, 会立即感到一切如常, 好像从来没有发生什么
事情一样。

白骨精事件发生之后,师徒四人之间的冲突可谓是前所未有的激烈。为
了一个妖精变成的女人,不仅猪八戒肆意辱骂他的大师兄,唐僧也是一反常
态,大念"紧箍咒"。我们无法知道沙和尚深藏不露的心理动态,究竟是支持
师傅呢,还是同情大师兄?

公共关系的确不是一个"善"字可以完全解决的。与人为善固然不错,但
你能确保每次都对吗?人非圣贤,孰能无过,身为一个团队的管理者或成员,

有时候难免会遭遇白骨精的"魔法",而不能明辨是非。

白骨精并不可怕,没有必要那样紧张。孙悟空"三打白骨精"的方法也许不合适,但以后可以改;然而,如果他们不能学会彼此理解,如果他们不注意团队伙伴之间的沟通,他们就会因为矛盾重重而闹得四分五裂。

唐僧之错,其实不在于他受到迷惑,也不在于他是非不分,而是在于他没有能够在团队的管理实务上建立一个有效沟通的平台。

二战时,美国某支军队中有一名叫克雷默的中层军官很有才华,同时对周围的士兵也很关心。在一次演讲训练中,有位年轻士兵的激情演讲给克雷默留下了深刻的印象。自此,他就格外关注这位士兵。通过一段时间的接触和了解后,克雷默发现,这位士兵不仅有活力和干劲,而且还非常热爱学习。

由于这位士兵在入美籍之前是个德国难民,因此克雷默就推荐他去欧洲战场,做将军的德语翻译。这位士兵果然没有辜负克雷默的期望,将工作做得非常认真和出色。这位士兵从欧洲战场上回来后,克雷默又推荐他担任几座小镇的管理者。这位士兵将自己的管理才能发挥得淋漓尽致,将小镇管理得有声有色。

几年以后,这位士兵将要退役了。只有中学学历的他想要借退伍军人法案的有关规定到纽约市立学院去读书。当克雷默得知这个消息后,却非常反对。克雷默找到了这位士兵,对他说:"绅士是不进市立学院的,他们都去哈佛。"在克雷默眼中,这位年轻的士兵是不能被一所平庸的大学埋没的,因此他全力说服这位士兵去著名的哈佛大学读书。不仅如此,他还积极地替这位士兵安排。这位士兵在哈佛读书期间,克雷默不断地给予他鼓励和支持,直到这位士兵获得了博士学位并留校任教。而克雷默对这位士兵的关注,在士兵的人生中起到了不可忽视的作用,是他成就日后事业的奠基石。

对克雷默,也许你并不知道,但是对他所关注的这位年轻士兵,你绝不会陌生——正是美国前国务卿基辛格。

与其说入伍改变了基辛格的命运,倒不如说克雷默的关注改变了基辛

格的命运来得贴切。若没有克雷默的关注、提拔和鼓励,这世上很可能就少了一个了不起的外交家,多了一个平凡的小兵。彼得·德鲁克甚至在他的《旁观者》一书中这样说道:"……基辛格正是克雷默造就出来的——克雷默发掘、训练了他。事实上,克雷默正是他的再造恩人。"

我们的时间都是有限的,不可能面面俱到。我们要学会关心所有的人,但是一定要特别关注几种人,这几种人可以大大提高企业的整体效率:第一种,最优秀的员工;第二种,最落后的员工;第三种,想成长但处于瓶颈期的员工。这三种人,是一个团队中最需要给予关注的。

10.测试你的沟通能力

(1)我总会征询下属的建议,一旦采纳,及时称赞。

是□   否□

(2)总结工作时我先把问题归于自己,把成绩归于下属。

是□   否□

(3)讲话时我能一针见血地陈述问题,但从不给人咄咄逼人的感觉。

是□   否□

(4)当别人和我说话时,即使很忙,我也会先把手中的事情放下。

是□   否□

(5)对初次见面的人,我能很快记住他们的名字和特征。

是□   否□

(6)下属提出的建议不尽合理,我也会指出不足并给予鼓励。

是□   否□

(7)当着领导我总会表扬下属,批评下属我会选择只有两个人时。

是□　　否□

(8)下达命令之后,我总会告诉下属这件工作的重要性和完成要求。

是□　　否□

(9)发布一项新措施,我会召开专门会议,向每位下属解释目的。

是□　　否□

(10)下属未获晋升,我会帮他分析原因,教他改进的方法。

是□　　否□

(答是的得1分,总计10分。6分以上则说明基本符合本测评的能力要求。)

第五课

激励竞争

——每一位员工都需要被激励

　　美国哈佛大学教授威廉·詹姆斯通过研究发现：在一个缺乏激励的组织中，员工的潜力只能发挥出20%~30%；而在良好的激励环境中，同样的员工可以发挥其潜力的80%~90%。这一研究表明，在企业管理中，每一位员工都需要被激励。

1.设置适当的目标,激发下属的内在动力

领导者给下属设置适当的目标,激发下属的内在动力,最后达到调动人的积极性的目的,称为目标激励。

这在心理学上通常称为"诱因",比如"望梅止渴"中的"杨梅"就是一个诱因,诱导士兵们充满遐想和期待。一般来讲,"诱因"越有吸引力,给人的激励性也就越大;下属行动的干劲越大,实现的可能性也就越大。

因此,管理者给下属设定的目标要合理、可行,要与个体的切身利益密切相关。

联想集团的目标激励在不同时期有不同的做法,这种变化尤其体现在对不同激励对象所选择的不同目标上。

第一代联想人100%是中国科学院计算所的科研人员,他们的年龄在40~50岁之间。和同龄的中国知识分子一样,他们富有学识但自感得不到施展,一面是看着国家落后,一面是自己不能更好地为国家做一点事。所以这批人的精神要求很高,他们办公司的目的一半是忧国家之忧,另一半是为了证明自己拥有的知识能够变成财富。这种要求对他们尤其重要,办公司是证明他们价值的最后的机会。他们对物质的要求也不太多,旧体制下他们的收入不足200元,当公司每月能够提供400多元薪水的时候他们就很知足。

因此,联想在这一时期的激励也体现出事业目标激励、集体主义精神培养、物质分配的基本满足这些特点。公司初创时期只有100多人,在研究所时彼此相识相知,对旧体制弊端都有共同的感受,因此很容易在未来的事业目标上达成高度一致。如今依然在联想影响很大的一些思想和价值观都是在这一时期形成的。

初期的联想给员工最多和最大的激励是他们的事业、他们的理想和他们的目标。

从20世纪80年代末开始，联想的情况有了一些新的变化，变化的原因来自于新员工的大量加入。

到1991年的时候，联想北京总部有600多名员工，其中50%~60%的员工到联想以前与中国科学院没有任何关系，他们和老一代联想人在价值观方面有一定的差别。比如，新一代联想人在荣誉感方面也承认集体主义，但更多的是要突出个人的价值，而不像老一代联想人那样为了集体的荣誉宁愿牺牲自己的利益。此外，从当时的社会特点来看，也有几个明显的变化。

一是人才流动已成为一种普遍的社会现象。人们"从一而终"的职业观念开始动摇，"人往高处走，水往低处流"，有一技之长的人大多在不断寻找适合自己的企业和岗位；二是大量流动的人才除去实现自我价值的理想以外，还有更明确的物质要求，这其中包括工资、福利和住房。

这种种变化给联想的目标激励提出了新的课题。新一代联想人承认集体的作用，但是很难做到像老一代联想人那样甘愿做一颗默默无闻的螺丝钉。他们强调自己与众不同的价值，必须在工作中明显表现自己的作用，如果在这个方面不能使其满意，就可能给联想的管理带来麻烦。

另外，新一代联想人显然对事业和理想的追求与老一代联想人一样强烈，在他们看来，这完全是必要的，他们的工作值多少钱，企业就应该给他们多少钱。企业如果要求他们提高觉悟，要在物质方面完全向老一代联想人学习，他们便可能认为这是愚昧。

联想员工薪水收入的大幅度提高是1990年以后，这其中涉及的原因很多：一是国家物价水平上涨；二是联想自身积累的高速成长；还有一个很重要的原因就是员工对激励要求的变化。

此外，公司在福利方面也有了突出的变化，例如仅商品房一项，1991~1995年为员工解决的住房就有200多套。30岁出头的联想骨干绝大多数都能享有三室一厅的住房，这在北京已足以令人羡慕。员工每年还可以有10天的

带薪休假。

当然,这些措施只是联想激励机制变化的一小部分内容,更重要的变化是它的管理体制的变化。联想集团由以往强调中央集权的"大船结构"管理模式向集权分权相结合的"舰队模式"逐步转变。

实施目标激励时要注意到以下几点内容:

(1)应该通过企业目标来激发员工的理想和信念,并使二者融为一体。

(2)使员工具体地了解企业的事业会有多大发展,企业的效益会有多大提高,相应地,员工的工资奖金、福利待遇会有多大改善,个人活动的舞台会有多少扩展,从而激发出员工强烈的归属意识和积极的工作热情。

(3)企业应该将自己的长远目标、近期目标广泛地进行宣传,以做到使这些目标家喻户晓,让全体员工看到自己工作的巨大社会意义和光明的前途,从而激发他们强烈的事业心和使命感。

(4)在进行目标激励时,要把组织目标与个人目标结合起来,宣传企业目标与个人目标的一致性。企业目标中包含着员工的个人目标,员工只有在完成企业目标的过程中才能实现其个人目标。

2.为员工提供公正公平的竞争舞台

在一个组织内部,竞争是一种客观存在,在正确思想的指导下,这种内部竞争对调动组织成员的积极性有重大意义:它能增强组织成员的心理内聚力,激发组织成员的积极性,从而提高工作效率;它还能增强组织成员的智力效应,使组织成员的注意力集中、记忆状态良好、想象力丰富、思维敏捷、操作能力提高;此外,它还能缓和组织内部的矛盾,增强组织成员的集体

荣誉感。

因此，作为企业管理者，很有必要将这种竞争引入企业内部，使之成为激励员工的一种手段。

美国通用公司是率先提出内部竞争的企业，其董事长兼CEO杰克·韦尔奇说："我鼓励员工在工作上相互竞争，但不要有个人恩怨。我们的做法是将奖赏分成两个部分：一部分用于奖励员工在自己的业务部门的表现；另一部分用于奖励员工对整个公司发展的贡献。"当斯隆成为通用汽车的CEO时，竞争对手福特公司拥有美国汽车市场60%的份额，而通用则面临破产的危险。斯隆立即着手进行汽车的市场细分，例如将雪佛兰定位为大众车，而将凯迪拉克定位为豪华车，激励内部竞争，从而使通用汽车成功脱离了险境，并且获得了极大发展。

管理者要想成功实施竞争激励法，必须为员工提供公正、公平的竞争机会，力求让每个员工都能尽情展现自我才能。对在竞争中脱颖而出的员工，管理者要及时给予他们"胜利的果实"，例如晋级、加薪等；对在竞争中暂时落后的员工，也要及时给他们打气，并给予他们合理的指导或沟通，这样才能激起他们继续前进的勇气和"这次不行，下次再来"的进取心态，从而实现企业内部所有员工的全面进步。这就是竞争激励的终极目标，也是竞争激励的核心所在。

美国一家大型企业集团为了提高员工的积极性，采取了一种很有特色的激励方法：在员工内部进行评比，给评比优异者发一块"好家伙"奖章，上面有公司老总的亲笔签名。员工每获得5块"好家伙"奖章，就可以得到一个更高的奖励——晋升和加薪。颁发"好家伙"奖章时，公司不刻意安排专门的场合，授奖仪式也很简单：当颁奖的经理走进公司大厅并按响门铃时，所有员工会立即停下手头的工作，从各自的办公室走出来，然后由这位经理宣布"好家伙"的获得者："本人谨代表公司宣布，向XX颁发'好家伙'奖章一块，以表彰他在工作中做出的突出成绩。"大家热烈鼓掌，受奖人在掌声中接过奖章，仪式就此结束。

"好家伙"这块奖章的名称不仅显得亲切,而且略带幽默感,加上整个颁奖过程比较简单,所以员工们不会很看重这个仪式,但却异常在乎这块奖章,因为它代表着公司对自己工作的认可和肯定。事实上,在这家公司里,不仅普通员工渴望获得"好家伙"奖章,就是高级管理层也同样热衷于获得"好家伙"奖章。因此,每位员工都努力工作,奋力争先,以求得到该奖章。一位新晋升的公司副总裁在布置他的办公室时,郑重其事地将他的第5块"好家伙"奖章钉在墙上,望着下属,他有点不好意思地说:"看惯了'好家伙',不挂起来就感觉挺不自在!"

著名管理学家利昂·弗斯廷格认为:"追求成功和满足是人的一种本能,但是人们通常不是用绝对标准来衡量自己的成绩,而是想方设法、竭尽全力去和别人进行比较。"所以说,鼓励内部竞争会给员工带来压力,进而产生激励作用,使员工更加积极努力。

3.建立竞争机制的三个关键点

竞争的形式多种多样,如销售竞赛、服务竞赛、技术竞赛、公开招投标、职位竞选等。还有一些"隐形"的竞争,如定期公布员工工作成绩,定期评选先进分子等。管理者可以根据企业的具体情况,不断推出新的竞争方法。

无论采取什么样的形式,要想把竞争机制在组织中真正建立起来,都必须先解决下面三个问题,这也是建立竞争机制的三个关键点。

(1)诱发员工的"逞能"欲望。

员工总是具有一定能力的,其中有些人愿意并且希望能够一试身手,展现自己的才能;而有的员工则由于种种原因,表现出一种"怀才不露"的状

态。这就给管理者提出了一个问题:如何诱发员工的"逞能"欲望?通常的做法有两种:一种是物质诱导,即按照一定原则,通过奖励、提高待遇等杠杆,促使员工努力工作、积极进取。另一种是精神诱导,这其中也分为两种情况:其一是事后鼓励,比如在员工完成了一项任务后给予其表彰或表扬;其二是事前激励,即在员工做某项工作之前就给予其恰当的激励或鼓励,使其对该项工作的完成产生强烈的欲望。这样一来,员工的求胜心理必然会被成功的意识所支配,从而能够乐于接受任务并竭尽全力地完成。

(2)强化员工的荣辱意识。

荣辱意识是使员工勇于竞争的基础条件之一。但是有的人的荣辱意识非常强烈,而有的人的荣辱意识则比较弱,甚至还有的人几乎不知荣辱。因此,管理者在启动竞争机制前,必须强化员工的荣辱意识。

强化荣辱意识,首先要激发员工的自尊心。自尊心是人的重要精神支柱,是进取的重要动力,并且与人的荣辱意识有着密切联系。自尊心的丧失容易使人变得妄自菲薄、情绪低落,甚至内心郁郁不满,从而极大地影响员工的劳动积极性。但是并不是每个人都具有强烈的自尊心。

根据有关分析表明,员工自尊心的表现程度大致分为三种类型,即自大型、自勉型和自卑型。对第一种人来说,他们的荣辱感极强,甚至表现为只能受荣而不能受辱,他们的荣辱感往往带有强烈的嫉妒色彩,这就要求管理者对他们加以正确引导,以防止极端情况的发生;对第二种人来说,其荣辱意识也比较强,只需要你稍有引导就可以了;而对第三种人,管理者必须通过教育、启发等各种办法来激发其自尊心,引导其认识到自身的能力和价值。

强化荣辱意识还必须明确荣辱的标准。究竟何为"荣",何为"辱"?应该让员工有一个明确的认识。在现实中,荣辱的区分确实存在问题。比如说,有的人把弄虚作假当成一种能力,而有的人则对此嗤之以鼻;有的人把求实看作是无能的表现,而有的人则认为这是忠诚的反映。所以,管理者应当帮助员工树立正确的荣辱观,这样才能保证竞争机制的良性发展。

此外,强化荣辱意识还必须使其在工作过程中具体地表现出来。应当让

员工们看到:进者荣,退者辱;先者荣,后者辱;正者荣,邪者辱。这样,员工们的荣辱意识必然能得到增强,其进取之心也会得到提高。

(3)给予员工充分的竞争机会。

在员工中引入竞争机制的目的是为了激励员工,做到"人尽其才",同时发展团队的事业。为此,管理者必须为员工提供各种竞争的条件,尤其是要给予每个人以充分的竞争机会。这些机会主要包括"人尽其才"的机会、将功补过的机会、培训的机会以及获得提拔的机会等。在给予这些机会时,管理者必须注意以下三个原则:

机会均等原则。这就是说,不仅在竞争面前人人平等,而且在提供竞争的条件上也应当人人平等。这些条件通常是指物质条件、选择的权利等。

因事设人原则。在一个团队里,由于受到事业发展的约束,竞争的机会只能根据事业发展的需要而定。管理者虽然应当为员工取得进步铺平道路,但是这种进步的方向是确定的,即团队事业的发展和成功。

连续原则。这是指机会的给予不能是"定量供应",也不能是"平等供应"和"按期供应",而应该是在工作过程中不断地给予员工,使其在努力完成了一个目标之后接着又有新的目标。换言之,就是让员工在任何时候都能获得通过竞争以实现进步的机会和条件。

有竞争才有压力,有压力才会有动力,有动力才会有活力。企业引进竞争机制、培养员工的竞争意识,能有效地激励员工,激发他们的学习动力,转移他们的兴奋点,从而减少矛盾的产生,让公司上下生机勃勃。这是管理者工作的艺术,也是企业取得成功的关键。

4.对待个别员工可巧妙使用激将法

很多时候,有一些人就是喜欢"敬酒不吃吃罚酒",他们不愿吃甜的,愿意吃辣的,认定一条死理,硬往牛角尖里钻。你磨破嘴皮子,他却一个字也听不进去。这时候,你不妨使用激将法,给他一个强烈的反刺激,这样往往能使你"柳暗花明又一村",顺利地实现激励的效果。

某厂学徒工小赵提前定级出徒。比小赵先进厂的学徒工小蔡自以为进厂较早,而且学技术快,干活麻利,心里很不服气,于是冲着厂长发起了牢骚。厂长很了解小蔡,知道他虽然有思想疙瘩,但好胜心强,于是决定将计就计。他对小蔡说:"你的技术的确不在小赵之下,不过在全年的生产竞赛中,人家五次夺魁,三次当亚军,两次居第三,一年干了一年半的活,而且总是脏活累活抢着干,再想想你自己,总是拨一拨,动一动,缺乏主动。"小蔡不吭声了。

厂长见激将法起了作用,于是接着说:"你如果不服气,就干出个样子来给大家看看!""好!冲您这句话,我非干出个样子来不可!"小蔡坚定地表示。厂长的激将法果然灵验,小蔡的积极性和斗志全被激了出来。一年后,小蔡不仅跃入厂级先进行列,而且还被评为全公司的先进工作者。

由此可见,在企业管理中,激将法是激励员工发挥潜能的最有效方法之一;但是,激将法却不能随便乱用,否则很可能弄巧成拙。管理者在使用激将法时需要注意以下几点:

要把握好分寸和尺度

管理者要想在管理过程中成功运用激将法,一定要掌握好分寸和尺度,不能过急,也不能过缓。过急,欲速则不达;过缓,员工可能无动于衷,难以激

起员工的自尊心,也就达不到激励的效果。此外,在使用激将法时还要注意对象、环境及条件,绝不能滥用此方法。

要因人而异

管理者在运用激将法之前,首先要掌握员工的心理和行为特征。比如,管理者要分析员工的心理承受能力有多大,思想觉悟有多高,心理偏差有多远,个性潜能将发挥到哪一层次等。即使不能做到全盘把握,也要有个大概的评估,这是决定激将法能否成功的关键。

对那些明白事理,因为偶尔犯错或突然受挫以致暂时迷失方向、产生自卑感或自暴自弃的员工,激将法很容易达到激励的效果;对那些心理承受能力比较弱,已经在挫折中"风雨飘摇",甚至不堪一击的员工,如果再用激将法对他进行刺激,就很可能使他彻底崩溃;对那些觉悟不高、自由散漫的员工,任凭你如何激他,他也很难被"激活";对那些自卑感根源于自身能力的缺失,而且自身潜能也确实有限的员工,激将法有可能产生一时的感染力,但这种被激起的自信就像昙花一样,很快就会被他自己的实力不足击垮。所以说,管理者在运用激将法时,一定要因人而异。

从道义的角度去激励员工

管理者在运用激将法时,常常可以从道义的角度去激励员工,让员工感到不再是愿不愿意去干,而是应该、必须去干的问题。这种方法在我国使用很有效,因为中国自古就有讲道义、重气节的传统道德文化,每个人的心中都有一面道义的旗帜。以道义激员工,恰恰触及了员工内心深处道义的"软肋",从而有利于激励员工朝着正确的方向迈进。

5.必要时可运用危机激励法

在现代企业管理中,管理者也有可能面对危机。面临危机,必要时需要牺牲局部利益。如果能够以局部利益换取整体利益,以小损失激励全体员工的斗志,从而使企业渡过危机,那么这样做也是值得的。当然,如果在不损害局部利益的前提下能激励全体员工的斗志,扭转局面,那是最好不过的。

威罗比·马柯米克先生是个独裁经营者,而且是同行中的精英。在他的管理之下,他一手创办的世界著名香料公司——马柯米克公司,终于走到了倒闭的边缘:除非裁员10%,否则公司将无法实现收支平衡。祸不单行的是,就在这个时候,威罗比·马柯米克先生突然撒手人寰。

威罗比·马柯米克先生的侄子查理斯·马柯米克先生临危受命,出任公司的董事长。查理斯·马柯米克先生上任伊始,就召集全体员工开会,并非常诚恳地说:"从今天开始,所有员工的工资增加10%,工作时间缩短。我们公司的命运完全担负在诸位的双肩上了,希望大家努力工作,力挽狂澜,拯救自己的公司。"

全体员工简直不敢相信自己的耳朵,一个个呆若木鸡,百思不得其解。因为危机就在眼前,在当时的恶劣情况下,将每个员工的薪水减掉10%都没办法帮助公司渡过难关,谁会想到新上任的董事长查理斯·马柯米克先生却给大家加薪10%呢?而且还大大缩短了工作时间。

很快员工们就明白了,查理斯·马柯米克先生的做法是为了表示他对全体员工的依赖,这使公司上下士气高涨。结果在短短的一年时间里,马柯米克公司就走出了亏损的困境。

在公司出现较大的困难时,很多公司的老板在悲观失望中的思维定势

是裁员减薪,殊不知这样做虽然能暂时减轻企业的压力,但也极大地伤害了员工原本脆弱的心。当员工人人自危的时候,谁还有心思去专注地对待工作呢?

事实证明,当企业出现危机、陷入困境的时候,裁员减薪并不是必然的选择。查理斯·马柯米克先生的智慧在于,在危机面前,他反其道而行之,设法激励员工的士气,以期产生上下一心、同舟共济的效果。对公司来说,用10%的额外薪资成本换来了一笔无形的资产——企业的凝聚力、士气,这是无法用金钱衡量的。这与裁员减薪相比,孰优孰劣,不言而明。

公司的老板或管理者应该明白一个道理,那就是不要以为给员工多发奖金就能调动员工的积极性。因为人是很复杂的,想让员工为公司卖命地工作,管理者就需要施展更细致的激励措施,这样才可以让下属的需求获得充分满足,同时又能激发他们的工作热情,提高工作效率。

那么,企业管理者应如何运用危机激励法来有效激励员工呢?

向员工灌输企业前途危机意识

企业管理者要告诉员工,企业已经取得的成绩都只是暂时的,而且已经成为历史,在竞争激烈的市场大潮中,企业随时都有被淘汰出局的危险,要想避免这种命运,方法只有一个,那就是全体员工齐心协力,努力工作,唯有如此,才能使企业更加强大,永远立于不败之地。

向员工灌输他们的个人前途危机

企业的危机和员工的个人危机紧紧连在一起,因此,所有员工都要树立"人人自危"的危机意识,无论是企业管理者还是普通员工,都应该时刻具有危机感。管理者要让员工明白"今天工作不努力,明天就得努力找工作"的道理。员工一旦与企业在这方面达成了共识,自然就会主动营造出一种积极向上的工作氛围。

向员工灌输企业的产品危机

企业管理者要让员工明白这样一个道理:能够生产同样产品的企业比比皆是,要想让消费者对本企业的产品"一见钟情"、"情有独钟",就必须

使企业生产出的产品有自己的特色。所谓产品特色,就是这种产品可以提供给消费者别人无法提供的特殊价值,即"人无我有,人有我优,人优我特"。

危机激励不可随便乱用

对企业来说,危机激励就像一颗炸弹一样,虽然威力无比,却不可以盲目地投掷,对员工狂轰滥炸。否则,不但不能开发员工的潜能,还有可能将他们"逼入死角"。也就是说,虽然危机激励可以激发员工工作的积极性,但并不是所有员工都愿意面对这种危机。尤其是对应变能力较差的员工而言,危机就像一朵"带刺的玫瑰"一样,诱人却让人不可触及。危机会使员工感到自己的无助和无能。可想而知,当危机到来时,他们一定是企业里心情最糟糕的人。因此,作为管理者,不能随便使用危机激励法,而应该因人而异,区别对待。

6.惩罚可用作一种逆向激励

惩罚的最高境界在于能让受罚者心存感激,并找到前进之路。处罚绝不是冷酷无情,只要运用得当,处罚完全可以和正面奖励一样激励人,甚至比正面奖励还要积极有效。

管理者在管理员工时常常会遇到这样一个难题:是以奖励为主,还是以惩罚为主? 这主要涉及管理学中的"X-Y"理论。该理论是由美国著名行为科学家、人性假设理论创始人道格拉斯·麦格雷戈提出的,"X"理论即性本恶理论,该理论认为:人天生不喜欢工作,只要可能,他们就会逃避工作;由于人不喜欢工作,所以必须采取强制性措施或惩罚办法,迫使他们工作,以顺利

实现组织目标;人只要有可能就会逃避责任,安于现状;大多数人都喜欢安逸,没有雄心壮志。"Y"理论即性本善理论,该理论认为:要求工作是人的本性;在适当条件下,人们不仅愿意,而且能够主动承担责任;个人追求满足欲望的需要与组织需要之间没有矛盾;人对自己新参与的工作目标,能实行自我指挥与自我控制。

如果管理者认同"X"理论,激励员工时就会以奖励为主,通过奖励来激发员工的工作热情,提高员工的工作积极性;如果管理者认同"Y"理论,激励员工时就会以惩罚为主,通过严惩来规范员工的行为,使员工在制度规范的约束下专心致志地工作。事实上,在具体操作过程中,管理者往往需要奖惩并用,赏罚分明,才能起到有效的激励作用。但是当具体到一件事,尤其是员工犯错误时,管理者则应该以惩罚为主要激励手段,因为不惩罚就不能起到杀一儆百的作用,不惩罚就不能体现企业规章制度的严肃性,不惩罚就不能显示管理者的威严。

但在现实的组织管理中,惩罚管理的现状却令人担忧。主要体现在以下几方面:

一是企业惩罚手段呈现简单化和两极化。尽管大多数企业都将惩罚分为口头批评、一般处罚、严厉处罚、辞退等几级,但在实施惩罚的过程中,众多企业用得更多的则是批评和辞退两种。这种情况在外资企业中尤为突出。这固然是由于口头批评与辞退易于操作和执行,而一般处罚和严厉处罚则较难确定标准及统一实施,但更反映了许多企业疏于管理,为了追求高效率而不惜将管理简单化的现实。

二是员工对企业惩罚制度的满意度普遍较低。惩罚作为一种管理手段,若不能为被管理者认可,就是极不成功的——即使短期内有效,也会埋下长期的祸根。"员工论事,先及人",往往是员工一时间不知自己错在哪里,等到恍然大悟时,其怨恨和抵触情绪早已生根了,那种惩罚的教育功能也就无从发挥了。

当然,我们所说的惩罚并不是单纯的惩罚,而是要变惩罚为激励,变惩

罚为鼓舞,让员工在接受惩罚时心怀感激之情,进而达到有效激励的目的。这就是惩罚的艺术性。

某企业发生过这样一件事情:一名员工工作非常积极努力,但就是有些自以为是,他认为自己负责的一项工作流程是应该改进的,但是他的主管和部门经理坚决反对他这样做,并且命令他严格遵守原来的工作流程。一天,这名员工私自改变了工作流程,主管发现后,严厉批评了他,他不但没有接受,而且认为主管有私心,就和主管吵了起来。主管把问题反映到部门经理那里,部门经理也声色俱厉地批评了他,他还是不服。于是部门经理又把问题报告给了总经理。结果,总经理不但没有批评这名员工,而且还和他亲切交谈起来。在交谈过程中,总经理发现这名员工很有想法,他说的那项工作流程的确应该改进,而且他们还聊出了很多现行工作流程和管理制度中存在的不足之处。就这样,总经理用朋友式的平等交流,让这名员工感受到了被重视和被尊重。结果自然皆大欢喜,这名员工不但主动承认了错误,心悦诚服地接受了处罚,而且还一改往日自以为是的傲气,积极配合上级领导的工作,工作热情也大大提高了。

员工犯了错,给予处罚是理所当然的事。但怎么罚才更有效呢?并不能简单地一罚了之,还需要讲究点艺术性。故事中这位总经理的高明之处就在于:巧妙地变“罚”为“奖”。不仅让员工心悦诚服地接受了处罚,还纠正了员工的不良习气,大大提高了员工的工作热情。

在上述案例中,还隐含着一个管理者如何赢得人心的问题。也就是说,在必须惩罚的前提下,管理者的惩罚方式一定要深得人心。故事中那位员工之所以心服口服地接受了对自己的惩罚,最关键之处就在于他的意见被总经理采纳了,他的才能得到了总经理的肯定——这样一来,对他的处罚就比他心理预期的要轻得多了。这就相当于他准备拿100元买这次错误,结果却只掏了50元,他岂能不高兴、不感激呢?而且,在与总经理朋友式的交谈中,他认识到自己做错了,这是主动、积极地,而不是在领导的强权压力下消极、被动地改正错误,这不仅有利于他改正错误,而且不会留下“后遗症”,杜绝

了错误反弹的可能性。

此外,朋友式的平等交流还会使员工有被尊重感,有某种意义上的心理满足感,员工会感觉到这样的管理者可信赖,能解决实际问题,因此就会把自己内心的想法毫不保留地说出来,这就等于让员工积压已久的意见得到了倾诉,由于心理压抑感得到了解除,这样一来,员工岂有不高兴、不感谢之理呢?所以说,这种惩罚方式可谓"一箭三雕":既达到了惩罚激励的目的,又赢得了员工的心,而且还有利于从根本上解决问题。

由此可见,要想让员工心悦诚服地接受处罚,一定要在处罚的外面包上一件柔软的、富有人情味的外衣。

某公司的处罚措施一直让员工们口服心不服,所以执行起来很有难度。于是,该公司决定重新制作处罚单。经过一番斟酌,公司总经理在原有的基础上把有关项目及形式做了合理改进后,又在处罚单上加上了一句话:"纠错是为了更好地正确前行。"而且还把标题"处罚单"三个字改成了"改进单",以减弱处罚在员工心理上造成的负面影响。"改进单"印出来之后,大家都说这样的处罚单一定会比以前的效果好,因为以前的处罚单都是清一色的严肃面孔,一句多余的话都没有,如今在上面加上了一句富有人情味、教育性和启迪性的话,处罚单的面孔立即由严肃、冷酷,变得慈祥、柔和了。而且,当员工接到这样的处罚单时,看到上面的这句话,心理上也会产生一系列变化,由本能地反感、抵触、反抗到理解、认知、接受,再到改正错误,所以,把"处罚单"的标题改为"改进单"再合适不过了。

实践证明,这种处罚单上小小的改进意义重大,员工不但对这样的处罚没了抵触心态,而且工作错误率也大大降低了。

这就是处罚的艺术。处罚原本是反面教育,这样一改,就变成了正面教育:鼓励员工改正错误,激励员工向正确的方向前进。

具体执行惩罚时,管理者必须首先认识到惩罚是一种教育手段,合理的惩罚教育才能取得较好的教育效果;其次,还必须始终坚持公平性原则、适

度性原则,面对因懒散、失职或渎职所造成的不良后果,控制反感和恼火的情绪,保持理智冷静的态度,做出合情合理的判断和决策,使惩罚相当。

7.给下属一定的职务和名份

想要激励下属,不妨给他一个名份,让其为了达到这个名份的要求而努力。比如,给下属一定的职务,就是一种非常有效的激励方法。

曹操率兵南征的时候,荆州的刘表病逝。刘表的妻子蔡夫人和自己的亲弟弟蔡瑁造了一份假遗嘱,立自己的次子刘琮为荆州之主。刘琮原本不愿意,提出要让哥哥和刘皇叔(刘备)为荆州主人,但是蔡夫人和蔡瑁强行立他为荆州主人。然而,刘琮年仅14岁,他刚即位的时候,曹军就浩浩荡荡地开了过来。

刘琮慌忙召集部属商议如何应对曹操的进攻,有的大臣说荆州的实力太弱了,无法和曹操对抗;有的谋士说曹操的实力太强大,荆州的实力不能与之抗衡。总而言之,大家都一致主张投降曹操。

刘琮原本不甘心将祖宗的基业拱手让给曹操,但是他毕竟只有14岁,没有什么能力带领大家一致抗曹。只好听从蔡瑁和谋士们的话,特别是他的母亲蔡夫人也主张投降,于是就表示愿意投降。

曹操接到降书,高兴得不得了,心想不费一兵一卒就拿下了荆州,多么便宜的事情啊。曹操让刘琮出城迎接,同时许诺让刘琮永远当荆州之主。曹操占领荆州后,叫刘琮去见他。刘琮不敢去,就派蔡瑁、张允二人前去拜见曹操。蔡瑁和张允二人在曹操面前卑躬屈膝,极力逢迎曹操。

在对话中,曹操得知荆州拥有大小战船七千多艘,而且荆州水军的大权

由蔡瑁和张允掌管,当即加封蔡瑁为水军大都督,镇南侯;加封张允为水军副都督,助顺侯。曹操还表示要上表天子,让天子立刘琮永为荆州之主。蔡瑁和张允见自己被封侯拜将,刘琮的地位也有了保证,高兴极了。刘琮也非常高兴,第二天就和蔡夫人一起,带着荆州的印绶,亲自拜见曹操。就这样,曹操兵不血刃,就轻松得到了荆州。

为什么曹操会重用蔡瑁和张允呢?道理其实很简单,因为曹操需要他们。当曹操给这二人封官晋爵时,手下就有人说这两个人不是好东西,喜欢拍马屁、靠不住。但曹操仍然给他们加官晋爵,给他们兵权,并委以重任。曹操这么做的理由是:北方的士兵不习水战,重用蔡瑁和张允,是为了让他们更好地为自己效命。

曹操深知委以重任是对下属的一种器重,能很好地激发下属的积极性,有助于下属更忠心地为自己效命。尽管他知道蔡瑁和张允的人品不行,但在当时那种情况下,重用他们是非常有必要的,因为蔡瑁和张允在荆州非常有势力、有权力,重用他们,就等于稳定了荆州的政权,有利于安抚荆州的军民。

作为领导者,一定要有"有胆识虎龙,无私辨良才"的眼光和胆识,根据实际需要,及时提拔重用下属,以免打击人才的积极性。在这方面,东吴的孙权和曹操的做法就类似,那就是敢于把大权交给下属。这样既能激发下属的积极性和主人翁意识,又能锻炼下属的能力,可谓一举两得。

曹操进攻东吴的时候,孙权在下定决心与曹军决战后,立即封周瑜为大都督,并将自己的佩剑赐给周瑜,叮嘱他:"如文武官员有不听号令者,即以此剑诛之。"

后来刘备发动"夷陵之战"时,东吴危在旦夕,孙权采用了阚泽的建议,启用了陆逊。陆逊不无担心地说:"江东文武,皆大王故旧之甘宁相臣;臣年幼无才,安能制之?"

孙权马上将佩剑解下来赐给陆逊,说:"如有不听号令者,先斩后奏。"孙权还命人连夜筑拜将坛,请陆逊第二天登坛拜将,并在文武百官面前对陆逊

说："阃以内，孤主之；阃以外，将军制之。"

周瑜、陆逊等人被孙权委以重任的时候，都是年纪轻轻，资历尚浅。孙权为了更好地让他们担当大任，给予了他们大力支持，极好地激励了他们的自信和斗志，激发了江东文武百官和将士们抵抗外来入侵势力的士气，从而保证了"赤壁之战"和"夷陵之战"能够取得胜利。

同样的道理，在企业管理中，领导者也应该在必要的时候给下属委以重任，这是激励下属重要的手段，也是锻炼下属的重要途径。

柯达公司曾经进行了5次产品改革，但都以失败而告终。由于失败造成的挫折以及投资方施加的压力，导致董事长凯伊·R·怀特被公司管理层辞退。之后管理层推选了乔治·费雪为柯达的CEO。管理层认为费雪能够胜任这个职位，他在这个职位上能发挥出自己的才能。

当时费雪53岁，是一位应用数学博士，曾任职于贝尔实验室和摩托罗拉公司。在当选为柯达公司的CEO之后，费雪向媒体表示：柯达有自身的优势，我希望在公司现有的基础之上，寻求令人鼓舞的利润增长。

费雪的设想非常简单，这一度引起了人们的怀疑。许多投资专家和金融分析家认为，费雪不过是在空口许诺。他们认为柯达公司应该从现在开始，一步一个脚印地实施削减成本的策略，以最大限度地实现利润增长；同时还应该收购股票，提高股价。

但是费雪并没有那么做，他上任之后立刻烧了"三把火"：开展电子学产品业务、压缩贷款、加强宣传，就这样，柯达公司稳步走出了困境。这时候人们才意识到，柯达公司的管理层任用费雪担任这个职位是多么英明。

领导者在委以重任的时候，一定要选择合适的人，只有把权力和重任交给"千里马"，才能收到完美的成效。值得注意的是，将重任交给下属之后，领导者并不是没事了，而要对下属进行大力支持，给予必要的指导和帮助，尽力帮助下属完成任务、扫清障碍。这样做，对下属才能产生很好的激励效果，使下属增强使命感和主动性，从而更好地完成任务。

8.激励要避免这些禁区

激励要有分寸,有节制,如果走向极端,过了头,反而过犹不及,失去效果。况且,激励仅仅是领导管理下属的一种方法,而不是一种万灵药,更不会没有任何负作用。

从某种意义上说,激励是一种兴奋剂。既是兴奋剂,就必然带来一些负作用,就不能当糖吃。那么,在进行激励的时候,哪些是"服药须知"呢?

激励不可任意开先例

激励固然不可墨守成规,却也应该权宜应变,以求制宜。然而,激励最怕任意树立先例。所谓善门难开,恐怕以后大家都跟进,招致你无以为继,那就悔不当初了。

领导为了表示自己有魄力,未经深思熟虑,就慨然应允。话说出口,又碍于情面,认为不便失信于人,因此明知有些不对,也会将错就错,因而铸成更大的错误。

有魄力并非信口胡说。有魄力是指,既然决定,就要坚持到底。所以决定之前,必须慎思明辨,才不会弄得自己下不了台。领导喜欢任意开例,下属就会制造一些情况,让领导不知不觉中落入圈套。领导在兴奋中满口答应,事后只能悔恨不已。

任何人都不可以任意树立先例,这是培养制度化观念、确立守法精神的第一步。求新求变,应该遵守合法程序。

激励不可一阵风

许多人喜欢用运动的方式来激励。形成一阵风,吹过就算了。一番热闹光景,转瞬成空。不论什么礼貌运动、清洁运动、"以厂为家"运动、意见建议

运动、品质改善运动,都是形式。而形式化的东西,对中国人来说,最没有效
用。

中国人注重实质,唯有在平常状态中去激励,使大家养成习惯,才能蔚
为风气,保持下去。

激励不可趁机大张旗鼓

好不容易拿一些钱出来激励,就要弄得热热闹闹,让大家全都知道,认
为这样自己花的钱才值。这种大张旗鼓的心理,常常造成激励的反效果。

激励不可显得鬼鬼祟祟

激励固然不可大张旗鼓,惹得不相关的人反感;但激励也不可以偷偷摸
摸,让第三者觉得你鬼鬼祟祟,怀疑是否有见不得人的勾当。

领导把某位下属请进去,关起门来谈了一小时,对这位下属大加激励。
门外的其他下属看在眼里,却纳闷在心里:有什么大不了的事,需要如此神
秘?因而流言四起,有何好处?许多人在一起,领导偏要用家乡话和某一下属
对谈;或者和某一下属交头接耳,好像有天大的秘密似的。其他人看他们如
此偷偷摸摸,会不会产生反感?

不公开可以,守秘密也可以,就是不必偷偷摸摸,令人起疑。暗中的激
励,我们并不反对,但是神秘兮兮,只有反效果,不可不慎重避免。

激励不可偏离公司目标

凡是偏离公司目标的行为,都不可给予激励,以免这种偏向力或离心力
愈来愈大。领导激励下属必须促使下属自我调适,把自己的心力朝向公司目
标,做好应做的工作。

领导若有激励偏离目标的行为,大家就会认定这位领导喜欢为所欲为,
因而就会用心揣摩领导的心意,全力讨好,以期获得若干好处。一旦形成风
气,便是小人得意的局面,对整体目标的达成,必定有所伤害。

目标是激励的共同标准,这样才有公正可言。所有激励都不偏离目标,
至少证明领导并无私心,不是由于个人的喜爱而给予激励,尽量做到人尽其
才。对员工偏离目标的行为,不但不予激励,反而应该促其改变,亦即努力导

向公司目标,以期群策群力,有志一同。

激励不可忽略有效沟通

激励必须通过适当沟通,才能互通心声,产生良好的感应。例如公司有意奖赏某甲,若是不征求某甲的意见,便决定送他一部新手机,但不料一周前某甲刚好买了相同的一部,反而造成某甲为难。公司应该事先通过适当人员征询某甲的看法,或许他正需要一台电动刮胡刀,那么公司顺着他的希望给予奖品,某甲必然更加振奋。

沟通时最好顾虑第三者的心情,不要无意触怒其他人。例如对某乙表示太多关心,可能会引起某丙、某丁的不平。所以与个人或集体沟通,要仔细选定方式,并且考虑适当的中介人,以免节外生枝,引出一些不必要的后遗症,减低了激励的效果。

9.使员工获得职业幸福感

团队的核心要素是"人",即员工。制约团队发展前景和团队管理水平的,是员工;决定团队核心竞争力的,是这些会运用知识为团队创造利润的员工……而人是多种需求的综合体,既要精神上的满足,又追求物质上的满足。因此,团队使员工获得职业幸福感就显得尤为重要了。

但如何才能使员工获得职业幸福感呢?有人说,福利待遇好就会幸福;有人说,有希望就有幸福;有人说,幸福就是快乐,快乐胜过黄金……从心理学角度来讲,幸福感通常是人根本的总体的需要得到满足后所产生的愉快状态。因此,团队要让员工获得职业幸福感,也是从精神上和物质上给予员工一种感官上的享受。

团队管理应重点做到以下三点:

第一,营造一个宽松、健康、和谐的人文环境。

员工才是创造团队效益的源泉,他们应在付出艰辛的同时也享受着快乐。有位公司的基层客户经理这样说:"要是在公司里工作也能有'家'的感觉,这是最佳的状态。"

团队要让员工体味到亲情般的人文关怀,把团队营造出一种"家"的氛围。比如说,为员工送上一份温馨的"生日祝福";切实为团队员工解决实际困难;经常性举办职工座谈会,听取员工心声,等等。

还要打破身份限制,提倡"上级服务下级,机关服务基层"的理念,营造一种人与人之间相互尊重、团结互助、相互和谐的气氛,让员工体味"家"的温暖。

阿里巴巴创始人、主席、首席执行官马云先生这样讲:"我认为,员工第一,客户第二。没有他们,就没有这个网站;也只有他们开心了,我们的客户才会开心;而客户们那些鼓励的言语,鼓励的话,又会让他们像发疯一样去工作,这也使得我们的网站不断地发展。"同样,团队也只有把员工服务好了,他们才会收获职业幸福感,才会有以团队为家的归宿感,才会快乐地把客户服务好,从而为团队创造出更大的经济效益。

如果团队不能让你感到愉悦,那么我们在团队中工作还提什么工作效率,谈什么生活质量呢?相反,假若团队组织者让员工真正参与到团队的日常管理中,让员工成为真正的团队主人,这会让员工有一种强烈的归宿感。

比如:团队可建立值班制度、岗位轮换制度、群众监督制度等。团队应建立起科学合理的各项管理制度,让员工对团队的管理制度充满信心。尤其是在制定一些管理考核办法等规章制度时,应广泛征求员工的意见,从而避免出现"制度脱离实际,员工抱怨声大"等不良现象。

团队要深化内部体制改革,优化团队内部流程,把团队经营发展战略与团队文化培育结合起来,把不断创新、与时俱进的文化理念贯穿到各项管理制度、工作标准、考评体系中,运用于团队管理过程中。

团队要充分发挥文化创新的激励导向作用，广泛开展学先进典型的活动，从而带动整个团队的学习风气，形成你追我赶、团结协作、积极健康的文化氛围。比如说，团队可不定期地举办一些岗位技能竞赛、拓展训练、文化培训、演讲比赛等各项文体活动。这样，一方面丰富了团队成员的业余文化生活；另一方面，又陶冶了情操，增强了团队的凝聚力，并为团队的发展注入了生机和活力。

第二，建立一种激励有效、合理的薪酬制度。

据一位美国华盛顿大学的权威人士称："华盛顿大学教授的工资，20%是由良好的人文环境补偿的，80%是以货币形式支付的。"为此，团队除了要营造一个良好的人文环境外，还要最大限度地给予员工物质上的满足。

内部劳动关系和谐以及与社会各方面关系的和谐，直接关系到行业改革发展稳定的大局。团队应该以建立有效激励和约束机制为目标，根据国家提出的"分类管理、科学设岗、明确职责、严格考核、落实报酬"的总体要求，进一步深化人事用工分配制度改革。这有利于依法规范劳动用工行为，有利于发展和谐劳动关系，有利于调动员工的积极性，有利于员工成长和素质的提高。

团队应该不断创建灵活的激励机制。我们要建立以物质利益追求为基础的激励和约束机制，实施考评制度与工资福利制度、人事组织制度有效地衔接，形成科学的激励机制。坚持"凡进必考、择优录用"原则，形成优胜劣汰的灵活用工机制。以绩效考核为重点，建立科学的收入分配制度，逐步构建绩效考核管理体系，有效解决员工个人收入分配"大锅饭"的问题，让员工的薪酬和其贡献直接挂钩，激发员工的工作积极性。

团队应让员工真正感觉到，团队的发展与其个人价值的体现密切相关，团队效益的提升可以为员工带来很好的福利待遇。这样，才能给予员工物质上的满足感，才能充分调动员工的积极性和主动性。

第三，为员工提供一个很好的个人发展空间。

曾经有位员工跟我讲道："如果这份工作能让我感受到自身发展的前

途,我的自信心就会大增,工作起来就会心情愉悦,效率常常是事半功倍;相反,如果这份工作让我感受到前途迷茫,团队对我个人的发展设置了种种障碍,这样我会选择离开。"

这其实是一个基层员工的心声。由此可见,"自身的发展前途"是影响员工幸福感的一个重要因素。因此,应该把团队的发展与员工的发展前途有机结合起来。

"海阔凭鱼跃,天高任鸟飞",团队一定要为员工搭建一个公平、合理、公正的发展平台,要打破原有的、旧的用人机制,真正做到"用人唯贤",这样才能让团队散发出勃勃生机。团队应建立起员工动态管理,不断理顺员工"上"的途径,疏通"下"的渠道。要以岗位技能建设为重点,加强队伍建设,对管理岗位积极推行竞聘上岗。不断强化聘用员工的管理工作,要充分考虑聘用员工个人发展的问题,为员工的发展提供一个施展才干的舞台。比如说,鼓励表现突出的聘用员工竞聘到管理岗位,聘用到科级领导岗位的聘用员工享受系统内科级干部岗位工资待遇等。

10.常见的激励方法

具体来说,可以采用下列方法:

(1)在开会或是其他场合,给予工作上表现出色的员工书面或口头上的赞扬。当然,这种赞扬必须是由衷地赞美,而不是冠冕堂皇地随便应付几句。

(2)你的公司的事业蒸蒸日上,你要让那些为公司事业立下汗马功劳的下属们和你一起享受这些成就和荣耀。

(3)在平日的工作中,真心地欢迎你的下属和员工们表达自己的意见,

提出工作上的建议,并对他们给予表扬或奖励。

(4)有决定影响公司前途和命运的会议,邀请你的下属参加,并鼓励他们发表自己的建议和意见。这样,他们就会自觉不自觉地将公司的命运和自己的命运紧紧地联系在一起。

(5)积极鼓励及奖赏那些尽力帮助公司摆脱困境,并向你提出建议和批评的下属。

(6)鼓励你的下属对公司的发展提出自己个人的意见及构想,甚至鼓励他们提出和你完全相反的意见。

(7)经常抽空和你的下属一起吃午餐或者晚饭。

(8)经常抽出些时间和你的员工们聊聊天,并通过这种方法了解他们,和他们建立起良好的关系。

(9)经常和员工们谈谈他们的人生理想、生活目标,并鼓励他们树立远大的理想和远大的目标。

(10)真心实意地给你的下属提升的机会,以满足他们的期望。

(11)给你的下属创造选择任用、旅行、参与新工作目标及任务的机会。

(12)如果有机会,将你的下属介绍给公司的最高层人员并给予下属向他人学习的机会。

(13)给予下属以竭尽所能、力争上游的机会。

(14)要求自己和下属在工作和生活中都和气、诚实、公正、公开。

(15)鼓励下属从某一工作组织、社团或报纸上汲取工作和其他方面的知识,以实现他们的个人理想。

(16)了解下属在工作之外的业绩和其他方面的表现。

(17)当你的下属实现了自己的人生目标,应该给予他们以物质和精神奖励,哪怕他们从此以后不再为你的公司工作。

授权有度

——事事都自己干的领导不是好领导

合理授权对领导实现企业目标至关重要。事必躬亲，最后积劳成疾、不幸早死的诸葛亮，一直以来成为管理者借鉴的对象。一个企业领导者如果不愿意授权或者不善于授权，他领导的企业一定是一个缺乏活力的企业。

1."有权不授"引发的弊端

一个领导者"事必躬亲",体现的是他的一种美德。可以把这种美德作为企业的精神和文化去宣传和教育推广，但却不适合在实际的管理运用层面去倡导。对一个领导者来说，如果"有权不授"，也是一把"双刃剑"。若控制得太紧，就会令下面的刀剑黯淡无光、失去光彩。而如果只有你一把剑有光彩，周围的剑都没有光彩的话，这种风险和代价也是很高的：万一你这把"剑"哪一天"退"下来了该怎么办呢？你能保证组织成员的顺利接班、良性更替与持续发展吗？

在人们的眼里，三国时蜀国的宰相诸葛亮是智慧的化身，并且他非常勤政。连诸葛亮自己都说："鞠躬尽瘁，死而后已"。但是诸葛亮也有一个缺点，就是他事必躬亲。蜀军上上下下，事无巨细，都由他亲自过问、领导、布置，小到军队的钱粮支出，他都要一一审查。蜀国的大小将领，也都机器般地听从他的调遣，可以说一切都在诸葛亮的掌握之中。

诸葛亮凡事亲力亲为，从不相信别人，比如对待李严。在刘备眼里，李严的才能仅次于诸葛亮。刘备在临终时说："严与诸葛亮并遗诏辅少主，以严为中督护，统内外军事，留镇永安。"

刘备的目的很明确，让诸葛亮在成都辅刘禅主政务，让李严屯永安拒关并主军务。诸葛亮秉政后，本应充分发挥好李严等人的作用，然而他仍是事无巨细都要经己过问，惹得李严老大不高兴，两人间的矛盾日渐加深。后来诸葛亮以"第五次北伐"为借口，削了李严的兵权，把李严调到汉中做后勤工作。后来又由"运粮事件"，"废严为民，徒梓勤郡"，自己亲自担任运粮官，结果导致五丈原对峙旷日持久，军心涣散。司马懿闻后断言："亮将死矣。"果如

其言,不久诸葛亮就被活活累死了。

因此,一个领导者的权力欲望不能太强。如果某个领导者总是认为自己能力很强,处处要求别人按照其设定的要求行事,甚至事必躬亲,必然会削弱组织的活力、创造力。所谓事必躬亲,是指领导什么事都抓,什么事都管,没有巨细之分。这样的领导虽说十分负责,但是这种责任感却会让其他人感到不舒服。事必躬亲的唯一好处也许就在于可以让人敬佩领导的责任心,但其弊端就太多了,主要有以下几点:

(1)领导者事必躬亲,占用了自己的大量时间与精力,这不利于他集中精力对组织的全局性工作做深思熟虑的思考,结果可能会抓了芝麻,却丢了西瓜。领导在组织中发挥的应该是"脑"的作用,而不是"手"的作用。

(2)使下属的智能与潜力得不到充分的发挥。因为本来属于下属分内的事,领导代劳了,下属就不用花什么心思了,而且自己想要有其他的做法还不行,这就阻碍了下属的创新意识。

(3)领导者事必躬亲,会使一些下属产生厌恶的情绪。例如,下属之间发生的矛盾,本来可以自己解决,领导自认为应该出面进行干涉,在不了解起因的情况下,可能会做出不公正的判断,可能使遭到不公平待遇的下属产生怨恨的情绪,使其工作积极性大减。

(4)领导者事必躬亲,会让下属产生一种不良的依赖习惯。他们什么事都想等领导亲自来解决,自从领导事必躬亲后,下属便会要你样样都管,你想不管都不行了。

在企业的实际工作中,许多领导者整天忙得焦头烂额,希望每件事情经过他的努力都能圆满完成,这种事事求全的愿望虽然是好的,但常常收不到好的效果。

美国著名的杜邦公司的第三代继承人尤金·杜邦,是个典型的喜欢事必亲躬、大包大揽的人。

尤金·杜邦在掌管杜邦公司之后,坚持实行一种"凯撒式"的经验管理模式,"一根针穿到底",对大权采取绝对控制,公司的所有主要决策和许多细

微决策都要由他独自制定,所有支票都得由他亲自开,所有契约也都得由他签订;他亲自拆信复函,一个人决定利润分配,亲自周游全国,监督公司的好几百家经销商;在每次会议上,总是他发问,别人回答。尤金的绝对式管理,使杜邦公司组织结构完全失去弹性,很难适应变化,在强大的竞争面前,公司连遭致命的打击,濒临倒闭边缘。

与此同时,尤金·杜邦本人也陷入了公司错综复杂的矛盾之中。1920年,尤金·杜邦因体力透支去世。公司的合伙者也均心力交瘁,两位副董事长和秘书兼财务长也相继累死。

显然,最终将领导者击垮的不是那些看似灭顶之灾的挑战,反而是一些微不足道的鸡毛蒜皮的小事。追其根由,就在于企业领导者不善于授权。

2.做不到有效授权,应该先从自己身上找原因

尽管所有的领导者都知道授权很重要, 但是能够真正做到有效授权的领导者却是少之又少。他们可能更多的是应该首先从自己身上找原因。在经济日益发展的今天,授权对企业的领导者来说,是一个极其充满希望但同时又令人困惑不解的商业概念。

尽管大家都知道授权有种种好处,但是,为什么至今大多数企业的领导者仍然很难进行真正意义上的授权呢?

理由1:"都让他们做了,还要我干吗?"

企业中的领导者们已经习惯了拥有决策制定权,而授权需要领导者放弃一定的决策制定权并把权力下放到普通的员工手中, 他们会因此而担心失去控制权。往往领导者会感觉到他们的地位受到了威胁,甚至可能会感觉

到自己即将失去工作。

马华是广东某知名电子制造业公司的市场总监,也是公司的元老之一,他为公司成立两年便占领国内该电子产品领域25%的市场份额立下了汗马功劳。随着公司的业务规模越来越大,马华的工作量也越来越大。为了减轻马华的压力,公司老总特意通过"猎头"挖来了一名"海归"MBA小王做马华的总监助理。

起初,小王只是帮助马华做一些内部管理工作,但一段时间之后,小王就要求参与到一些诸如重要客户谈判此类的核心工作中。马华开始有些担心了:"小王的工作能力是不容质疑的,如果他过多地接触一些核心工作,而且又做得比我出色,会不会有一天他会取代我的位置?不行,我还是得注意一下,应少让他接触核心的工作。"

建议:作为领导,应该亲自去做那些有战略意义、不能完全授权的事,比如重要客户、公司长期发展战略、接班人问题、财务、融资、长期激励机制、公司运营机制等这些决定公司成功的关键要素。做好这些事情,领导者的地位不仅不会受到影响,反而会更加牢固。"

理由2:"与其让他们做又做不好,还不如我全做了!"

有些领导者宁可自己做得那么辛苦,也不愿意把工作交给部下。上海某软件公司的项目经理林强认为:"教会部下怎么做,得花上好几个小时;自己做的话,不到半小时就做好了。有那个闲工夫教他们,还不如自己做更爽快些。"

三个月前,林强刚接手了一个新项目,项目团队里新招了几个程序员。程序员小李因为刚毕业不久,一些工作不是很熟悉。眼下项目快到收尾阶段了,但小李却因为一个小问题耽误了一些时间。林强教了小李两次,小李都没做好。林强有些烦了,索性代替小李三下两下就将问题解决了。"看来以后有好些工作还是得自己做,否则工作速度实在难以保证。"林强有些郁闷。

建议:作为领导者,确实可以做很多事,但你不可能把所有的事情都

自己做了。尽管现在你亲自动手可以做得比别人好，但是如果能够教会下属，你就会发现，其实别人也可以做得和你一样好，甚至更好。也许今天你要耽误几个小时来教下属干活，但以后下属会为你节省几十、几百个小时，让你有空做更多的、更深入的思考，以促成你在事业上的更大发展。

理由3：“他们总是难以理解我的要求，我怕他们拿着权力做错事！”

企业中的许多领导者认为，由于信息的不对称，往往员工很难真正理解他们被授权后所要达到的工作目标，在这种情况下，他们将做出的决策会对企业的成本和利润产生很大的影响。

北京某通信公司售后服务部经理张云就有过这方面的教训。有一次，张云在深圳出差，而北京这边一个客户的问题急需解决，他就授权一名下属去处理。由于这名下属平时工作比较出色，做事很让人放心，所以张云只是通过电话与这名下属沟通了两次就没怎么过问。直到有一天，客户气势汹汹打电话来将张云大骂了一通，张云才感到事情的严重性。当张云再次与那名下属联系时，才发现原来下属当初并没有完全明白自己的意思，以至于该为客户解决的事情没解决，时间都花在一些客户原来没有要求的问题上。耽误了时间，客户当然很不高兴。此事之后，张云再也不敢轻易授权了。

建议：只要多沟通，这种情况完全可以避免。同时，这也提醒我们，在下属不是很清楚授权之后要达成的目标时，我们不能轻易授权。在授权的过程中，我们需要及时与下属沟通，及时发现他们的问题并帮助他们解决。

理由4：“在他们各方面能力还没完全达到时，我总有点不放心。”

领导者还可能担心员工并不具有完全地自由运用权力和制定正确的决策权的能力，一旦对员工授权，被授权的员工的行为将不再受到以往的规范和制度的限制，他们可能会感到不知所措。

建议：有效授权的前提是授权对象要有能力，但不需要等到对方具有

100%的能力时,有80%的能力时就可以了,这样才能锻炼对方,给对方学习的机会。信任下属,哪怕他们在开始时只达到你所期望的一半要求,你得说服自己,相信他们有能力达到另一半要求。要认识到你如果不会向下授权,你将最终不会被上面授权。

理由5:"企业环境阻碍了我的授权!"

授权并不适合于任何类型的企业。许多企业的环境因素都会影响领导者授权的顺利实施,比如企业并不支持团队工作;企业中仍然存在旧的雇佣关系;传统的官僚组织结构依然存在,以及缺乏适当的反馈和激励机制,等等,都会影响领导者的授权。只有当企业同时满足了其内部和外部的需要,当企业中的人、制度、文化都愿意或者能够进行改变时,授权才能发挥作用。所以,一个相互信任和包容、鼓励员工适当冒险的环境对领导者的授权很重要。

建议:企业文化也是影响领导者授权成功的关键因素。支持授权的企业需要具有独特的管理哲学。帮助性的企业文化(即以人为本、员工相互鼓励以及有自我实现的信念)和参与性的企业文化(即员工的知识、创新和变革要求受到重视),都有助于员工对授权的正确理解,因为个体只有在一个自由民主和不受限制的企业环境中,才能感觉到真正被授权。授权的企业文化可以培养员工的主人翁意识和自豪感,以及他们的创造性、适应性等价值观,以便于授权的有效实施。

3.过度地放权就等于不会管理

那么,企业要不要放权?

当然要放。因为权力下放能调动下属的积极性和创造力。

但是权力下放也是有前提条件的。这种前提条件就是:一个领导者把权力授出去以后,这个领导者仍能分享被授出去的那部分权力,而不能说权力授出去了,领导者就无法再制约你了或领导者就没权了,被架空了。

一个领导者权力的"授后无权"或"授后无限",最终都会引发下属权力的滥用、乱用,会造成新的一系列的管理与运营风险。

其中,主要存在着三大管理与运营风险:

第一,权力架空。

权力被下放后,从领导者自身的角度看,领导者最担心的就是自己会成了"太上皇",成了一个"有职无权"的摆设。现代很多企业都存在总经理和董事长的权力之争,例如国美电器的黄光裕与陈晓案。如果企业的董事长为了加强对总经理经营上的控制,无形中会利用自己的威望或实力,把总经理下面的副总人选变成自己的亲信,或者让自己的亲戚担任企业的财务总监。从而在业务流程和财政大权上,达到了控制总经理的目的。在这种情况下,总经理要人没人,要钱没钱,无形中就会陷入"高而无位"的泥潭里。这就是权力被架空的结果。

第二,争权夺利。

权力下放时,领导者面临的一大选择就是把自己手中的权力下放给哪一方或哪一个部门。权力就代表着利益,有利益就会有竞争。"争权夺利"的竞争不仅在垂直型组织结构中存在,而且在备受企业家和管理学家推崇的

扁平式组织结构中也依然存在,并且有过之而无不及。为什么这么说呢?因为扁平式组织结构主要以项目为主,各个项目组的负责人都由上一层的管理来确定。而为了拿到这个项目的负责权,这些项目组的成员必然会想方设法与上一层的管理打交道。

虽然扁平式组织结构解决了"中央高度集权"的问题,然而却把企业对外的竞争模式引入到企业内部来,在内部形成竞争。这种模式演化到最后,就不单纯是两方在激烈地竞争了,而是多方在激烈地竞争。因此,领导者在权力下放时,必须要正视下属成员明争暗斗的"争权夺利",而领导者要考虑的是如何把这种"争权夺利"的内耗成本降低到最低范围。

第三,滥用职权。

权力下放后,领导者担心的还有另外两个问题:如何限制、监督下属权力的使用?如何做,才能保障既让下属感觉到有权力,又能让下属感觉到不可乱用权?

温州某集团在河北邯郸投资了一个几十亿的大型项目,由集团监事长任该项目的董事长,目的是达到监督子公司的目的。但是,接下来又存在了一个问题,就是这个集团监事长任该项目董事长后,不可能做到事事必问,事事躬亲,于是就把审批工程采购的事务交给了该项目的副总。这个副总因为有了权力,为了达到个人私欲的目的,便在采购账目上弄虚作假,从而让公司至少损失了上百万元。

这就是权力下放后产生的权力滥用问题。

以上三种情况中无论哪种,如果领导者把权力过度地下放给某位下属,这位下属就会如同一匹脱缰的野马,一发不可控制。在这种背景下,如果组织没有出大事最好,如果出了什么大事,最终的责任、风险仍然要落到权力下放的这个领导者来承担。既然权力下放后的风险仍然由这个领导者承担,那这个领导者有什么理由把自己的权力全部地、无保留地授给别人呢?那还不如在授权的同时,在形式上、制度上是把权力授出去了,但实际的权力自己还是保留起来,在合适的时候还是能达到制约下

属的效果。

一个明智的领导者一定要明白：过度地放权，就等于不会管理。

4.领导者必须要抓的几种"大权"

李嘉诚就曾经这样给自己定位："我是杂牌军总司令，我拿机枪比不上机枪手，发射炮弹比不上炮手，但是总司令懂得指挥就行。"

首先，总指挥要抓的是财权。

钱是企业的命脉。高层领导必须清楚地掌控资金大的方向，并且在关键时刻能够自由调动，而那些财务细节完全可以让财务总监去管理。

华为老总任正非以低调朴素著称，总是穿着发皱的衬衣在大道上锻炼，经常被人误认为是老工人；他还用过很长时间的10万元处理车，后来还是其他领导劝他买一辆好一点的，他才勉强换了一辆。

你也许会想，这样"抠门"的一个人抓华为的钱袋，华为人肯定没得好日子了。事实恰恰相反，任正非调动起上亿资金来，眼都不眨一下。

1996年，华为在开发上投入了1亿多元资金，年终结算后发现还节约了几千万。任正非知道后说了一句话："不许留下，全部用完！"开发部最后只好将开发设备全部更新了一遍，换成了最好的。

任正非甚至还提出 "不敢花钱的干部不是好干部"、"花不了的要扣工资"等理念。

其次，总指挥必须抓的是人事任免权。

这主要涉及非常重要的人事调动和安排。

诸葛亮曾说："夫兵权者，是三军之司令，主将之威势……若将失权，不

操其势,亦如鱼龙脱于江湖,欲求游洋之势,奔涛戏浪,何可得也。"意思是,兵权就是将帅统率三军的权力,如果失去了这个权力,就好像鱼、龙离开了江河湖海,若想在海洋中自由遨游,在浪涛中奔驰嬉戏,那是不可能的。

这段话一针见血地指出了一个问题,就是兵权对一个将领的重要性。一个将领假如失去了兵权,任凭他具有多么大的雄韬伟略,也只能是毫无作为。

1996年,本田City在亚洲地区上市,很快成为销售量增长最快的车型系列,深受年轻人的追捧。但是那些年轻人肯定猜不到,这款车型是本田公司第三任社长久米抗住巨大压力争取到的。当久米制定出生产这种车的战略计划之后,他就亲自选定了开发小组的成员。让董事会吃惊的是,这些成员都是20多岁的年轻人,部分人甚至没有过重大项目经验。

有些董事担心地说:"都交给这帮年轻人,没问题吧?"

"会不会弄出稀奇古怪的车来呢?"

但久米对此根本不予理会。他既然坐在社长的位置上,就充分行使着自己的大权,并充满信心。不久之后,凝聚了一群年轻人智慧的本田City华丽出场了。由于这种车的车型高挑,打破了汽车必须呈流线型的常规,一上市就受到了年轻人的青睐而大行其道。

久米用事实证明了自己的眼光,也捍卫了自己的这项大权。

总指挥必须抓在手里的第三项权力是最终决策权,也就是对重要决策拍板的权力。

管理者经常会遇到这种情况:新的意见和想法一经提出,定会有反对者。其中有对新意见不甚了解的人,也有为反对而反对的人。

在一片反对声中,领导者犹如鹤立鸡群,陷于孤立之境。

这个时候,领导者不要害怕被孤立,对不了解的人,要怀着热忱,耐心地向他们说明道理,使反对者变成自己的赞成者;对为反对而反对的人,任你怎么说,恐怕他们也不会接受,那么,就干脆不要寄希望于他们的赞同。重要的是你的提议和决策是对的,只要真理在握,就应坚决地贯彻下去。

美国总统林肯上任后不久将六个幕僚召集在一起开会，讨论林肯提出的一个重要法案。幕僚们的看法不统一，七个人开始激烈地争论起来。在最后决策的时候，六个幕僚一致反对林肯的意见，但林肯却仍固执己见，他说："虽然只有我一个人赞成，但我仍要宣布，这个法案通过了。"

表面上看，林肯这种忽视多数人意见的做法似乎过于独断专行，其实，林肯已经仔细地了解了其他六个人的看法，再经过深思熟虑后，才认定自己的方案最为合理。

而其他六个人持反对意见，只是一个条件反射，有的人甚至是人云亦云，根本就没有认真考虑过这个方案。

既然如此，林肯自然力排众议，坚持己见。

决断，是不能由多数人来做出的；多数人的意见虽然要听，但做出决断的，只能是一人。

作为掌握企业大权的高层领导，既要"厚德载物，以理服人"，也得做到"该出手时就出手"，要当机立断，掌握大权。没有这种强势的姿态，是做不成大事的。

最后，总指挥还要保证自己的知情权。

即使某些时候不参与决策，把权力交给其他人，作为总指挥，对所做的决策也应该详细了解。

5.集权而不专权，放权而不放任

"三星之父"李秉喆总结他的授权原则是："把大事交给我来办，常识性的不要报告，干得好的只报告10%就够了；有困难干不了的工作报告我，该

由我干的工作我来干,确实难而费力的工作由我去解决。"

如果把一个成长中的企业看作一支行进中的队伍,那么领导者要做的事情有两件:一是告诉下属到达哪座山头;二是告诉下属沿着什么方向,在什么时间到达。

至于下属究竟会选择什么方式行进,是走路还是乘车,是单枪匹马或者成群结队,都不应该是领导者需要操心的问题。

从涉及的范围来考虑,关系全局的权力,当然就是大权;仅仅关系某一个局部的权力,一般不能说是大权。

从权限的角度来考虑,下属不能解决的问题,必须上级来解决,这应该是大权;如果下属自己能够解决的问题,或者下属自己解决更好,一般都不能算是大权。

从权力的性质来考虑,一般一个组织的权力有三个层次:一个层次是决策权;另一个层次是运行权;还有一个层次是执行权。

所谓大权,实际上主要是指决策权,还有就是运行中关键问题的把关性权力,具有"不可替代性"。人们常说领导要把握方向,把握大局,这样的权力是要独揽的。而其他的权力则要分散。分散其实也是独揽的条件。什么权都抓,往往什么权都抓不住。决策权应该是一个组织最高领导机构和最高领导人的权力,这是大权。

运行权是这个组织中层机构或中层领导的权力,其中带有垄断性的,可能是大权,但大部分照章办事的正常运行的权力,对最高领导人来说是小权;执行权是基层干部或人员的权力,对中层领导来说,关键性的操作可能是大权,但一般的日常操作则是小权,对最高领导来说,这些当然更是小权了。

对一个组织的发展而言,最重要的是决策。所以领导人一定要抓住大权,用好大权,不要忙于琐碎事务,而忘了自己最重要的决策任务。

集权和分权还有一层重要意义,就是领导者能够正确处理领导团队内各个成员之间的权力分配问题。

在集权与放权上,领导者存在的问题有3种:

(1)有本事,但不放手。这样的人虽然集权过多,但总还是可以干一些事情的;

(2)自己没有本事,但比较会放手。这样的领导虽然放权过多,但由于发挥了下属和副手的积极性,也还是能干一些事情的;

(3)自己没本事,但对他人还不放手。这样的领导最糟糕了,因为他干不了活,还不让别人干活。

因此,作为领导者,需要冷静地思考自己的权力结构配置问题。

什么是领导者的权力? 就是别的成员不便行使、不好行使、不能行使的权力。简而言之,领导要努力做别人不能做的事情,尽量不做别人可以做、能够做、应该做的事情。

如果领导不努力去做自己应该做的事情,那么团队就会散下来,因为没有人去统筹全局;如果领导尽做别人应该做、可以做的事情,这个团队也会散下来,因为其他成员会觉得无事可做,而消极起来。

"大权独揽,小权分散"也是一个领导者的工作方法和工作作风问题。从这层意义上来说,集权和放权是主要领导者如何发挥副手和下属的积极性的问题。集权而不专权,放权而不放任,才是最好的选择。

6.小权力应该交给谁

作为领导者,在适合分权的时候一定要首先搞清楚一个问题:谁是合适的受权者。只有把正确的权力交给正确的人,方能使权力分散产生效应;否则,就会适得其反。

那么,究竟应该把小权力交给谁呢?

忠实执行上司命令的人

一般来说,领导下达的命令无论如何也得全力以赴,忠实执行,这是下属必须严守的第一大原则。

如果下属的意见与上司的意见有出入,当然可以先陈述他的意见;陈述之后,领导仍然不接受,就要服从上司的意见。有些下属在自己的意见不被采纳时,抱着自暴自弃的态度去做事,这样的人没有资格成为上司的辅佐人。

勇于承担责任的人

有些下属在自己负责的工作发生差错或延误的时候,总是举出一火车的理由。这种将责任推卸得一干二净的人,实在不能被信任。

下属负责的工作,可说是由上司赋予全责,不管原因何在,下属还是必须为自己的差错负起全责,他顶多只能对上司说一声:"是我领导不力,督促不够。"

如果上司问起差错的原因,必须据实说明,千万不能有任何辩解的意思。

不是事事请示的人

遇到稍有例外的事、部属稍有差错……或者旁人看来极琐碎的事,也都一一搬到上司面前去指示。对这样的领导者,让人忍不住想问一句:"你这个领导是怎么当的?"

下属对领导不该有依赖心。让下属事事请示,不但增加了领导的负担,下属本身也很难"成长"。

下属拥有执行工作所需的权限。他必须在不逾越权限的情况下,凭自己的判断把分内的事处理得干净利落。这才是领导期待的好的中层领导。

上司不在时能负起留守之责的人

有些下属在上司不在的时候总是精神松懈,忘了应尽的责任。例如,下

班铃一响,就赶着回家;或是办公时间内借故外出,长时间不回。

按理,上司不在,下属就该负起留守的责任;当上司回来,就向上司报告他不在时发生的事以及处理的经过。如果有代上司行使职权的事,就应该将它记录下来,事后提出详尽的报告。

准备随时回答上司提问的人

当上司问及工作的方式、进行状况或是今后的预测,或有关的数字,他必须当场回答。

许多下属被问到这些问题的时候,还得向他人探问才能回答,这样的中层上司,不但无法管理部属与工作,也难以成为领导的辅佐人。下属必须随时掌握职责范围内的全盘工作,在上司提到有关问题的时候,都能立刻回答才行。

致力于消除上司误解的人

上司并非圣贤,也会犯错误或是对你产生误解,事关工作方针或是工作方法,领导有时也会判断错误。

领导的误解往往波及到部下的晋升、加薪等问题。碰到这种敏感时期,千万不能一句"没办法"就放弃了事,必须竭力化解上司的这种误解。

向上司提出问题的人

高层领导由于事务繁忙,平时很难直接掌握各种细节问题。能够确实掌握问题的人,一般非中下层领导莫属。因此,他们必须向上司提出所辖部门目前的问题,以及将来必然面临的问题,同时一并提出对策,供上司参考。

7.选好授权者是授权工作的基础

诸葛亮就是没有选对授权人,才导致让"纸上谈兵"的马谡失街亭。如若当时他选了合适的人去守街亭,那么还会出现"挥泪斩马谡"的故事吗?因此,合适的人选是授权的一个前提,也是成功的关键。并不是每个员工都是权力授予的最恰当人选的,不是每个人都能够达到管理者所要求的条件的。

因此,选择合适的人选成为授权工作中最关键的根本所在,人选不合适,不如不授权,否则将会适得其反。

北欧航空的董事长卡尔松感觉到,要想把北欧航空公司改造成欧洲最准时的航空公司,必须进行一次大变革。公司内部的种种陈规陋习已经严重阻碍了公司的发展。

卡尔松的想法是:如果自己有一套切实可行又十分有效的措施,就按照自己的措施施行;如果没有有效可行的措施,就设法找到一个能够进行这种变革、达到既定目标的人。然而卡尔松没有想出更好的办法,因此他必须找到一个合适的人选。

卡尔松果然是一个好伯乐,他迅速找到了一个最合适的人选。在一个风和日丽的日子里,卡尔松专程去拜会他,以提问的方式说道:"我们怎样才能成为欧洲最准时的航空公司?你能不能替我找到答案?过几个星期来见我,看看我们能不能达到这个目标。"

卡尔松深知管理的艺术所在:如果他告诉那个人应怎么怎么做,并且规定只能花200万美元,那么,在规定的时间内,那个人一定不能圆满地完成任务。那个人会在期满后过来说,他认真地做了,有一些进展,但仍要再花100万美元,而且完成任务的时间可能会在3个月之后。精明的卡尔松并没有这

么做,他运用提问的方式让对方自己寻找答案,之后他就不用再思考这件事了,而他的合适人选正在冥思苦想,力图找到答案。

最终,那位合适人选找到了答案。几个星期后,他约见卡尔松,说:"目标可以达到,不过大概要花6个月的时间,而且要用150万美元的巨资。"随即,他向卡尔松说明了自己的全套方案。对他的回答,卡尔松甚为满意,因为他原本计划要花的钱大大高于150万美元。于是卡尔松就放权让这位员工去实施方案了。

大约4个半月之后,那位员工请卡尔松来看他的成果如何。这时,卡尔松的目标已经达到,北欧航空公司已经成为全欧洲最为准时的公司,更为重要的是,他还从150万美元的经费中节省了50万美元。至此,卡尔松甚为得意,他进行了一场大的变革,而且还省了好大的一笔钱。

通过合理地授权,让下属找到一条能够达到既定目标的最佳途径。在这个过程中,员工和公司同时得到了巨大的提升。卡尔松的做法是成功的。

选好拟授权者,是授权工作的基础和关键一环。为此,要求授权者对拟授权的下属做如下分析:

(1)这个人具有哪方面的能力、特长和经验?他的政治品德如何?他最适合承担何种工作?

(2)委托这个人做什么工作,才能最大限度地激发他的工作热情和潜力?

(3)他目前担负的工作与拟授权的哪些工作关系最为密切?

(4)这个人对哪项工作最关心、最感兴趣?

(5)哪项工作对他最富有挑战性?

在上述分析的基础上,才有可能把所要授出的责权与拟授权者的品德、能力、性格、兴趣等最大限度地统一起来,才能做到把权力授予最合适的人。

在现实生活中,具有以下特点的人,往往是拟授权的理想人选:一是大公无私的奉献者;二是不徇私情的忠直者;三是勇于创新的开拓者;四是善于团结协作的人;五是善于独立处理问题的人;六是某些犯过偶然的、非本

质性错误并渴求悔改机会的人。

选好拟授权者,除了分析考察每个下属的特点、能力、性格等主观因素之外,还要综合考虑拟授权工作的性质和特点,这样才能恰当地选好拟授权者。

8.把握好"择人"窍门,合适人选手到擒来

授权时,要挑选那些接受过培训、掌握技能、有天赋和动机的人。尽管这一原则很重要,许多主张授权的人仍认为每位员工都有被授权的天赋和渴望。只注重渴望而忽视天赋的授权会造成不良后果。难道你愿意让一个有高度热情,技术上却笨手笨脚的人来组装你的急刹车装置吗?

在授权时,经常出现过高估计员工工作能力的现象,认为只要集体合作,就无需专业人员的任何指导。你或许会授权一组有高涨热情的员工来自行解决一个棘手的问题,而不去请教一名受过高等教育、有高级技能的专业人员。因而,解决问题的最佳方式是请一名专家以内部顾问的身份加入被授权集体之中。

同时注意以下两点:

第一,不要忽视专业技能。

被授权集体应配备适当的职业专家,发生在汽车制造公司的实例便充分证明了这一点。

克莱斯勒小型运货车新生产线中,挡风玻璃上的刮水器有6.5%存在瑕疵——少数的刮水器不能完全刮过挡风玻璃,因为这小小的毛病,使得克莱斯勒无法将这批小型运货车装船发运。这是根本让人难以接受的,员工们所

面临的挑战就是如何将其解决。但没人能找出其弊病所在。所有的原件都符合规格，零件的组装完全正确，工程师们也找不出设计上的任何差错。为找出所存在的问题，公司成立了一个联合调查小组，并被授权全面发挥作用。联合调查小组的组员包括一名生产总监、一名质量检测员、一名质量分析专家和两名工程师。在研究调查数月之后，联合调查小组无意中发现汽车驱动杆上的锯齿边带动了刮水器边，于是，一位工程师就设计了一个计量器用来测量曲柄的转度，使这一问题得以解决，全部的小型运货车才得以发运。

如果小组成员中没有工程师，那么问题能否解决可能还是个问号。正确的观点是被授权的集体应包含适当的专业技术人员——而这一真谛虽说显而易见，却常被忽视。

第二，选择适当的人授权。

如果你想要你的授权集体高效多产，其成员必须要经过精挑细选。最富成功经验的公司往往在授权时仔细审查被授权成员，被选中的员工应具备以下素质：有职业道德，善于灵活机智地完成任务，有自我开创能力、集体合作精神及敏锐的头脑，还有上文强调的一条———定要懂技术。

在宏基公司，施振荣将"人性本善"列为首要企业文化的意义所在，创造了一种和睦的企业文化氛围。在这种氛围的影响下，宏基的新产品如雨后春笋般冒了出来。鉴于宏基在20世纪80年代末的高速发展，施振荣又招募了一大批新的高级主管。

1989年4月，施振荣从这批高级主管中选出刘英武，任命他为宏基执行总裁。之所以选择刘英武，是因为刘英武是普林斯顿大学计算机专业博士，曾在IBM公司的一个软件开发实验室担任了20年的电脑部主任，是美国电脑界最有声望、职务最高的华人。

施振荣非常器重刘英武，把公司的经营决策权交给了他。刘英武上任伊始，就忙着把IBM的企业文化精髓"中央集权"灌输进宏基。他总是召集公司经理们开马拉松式的会议，让他们听从他的决定。实行一段时间后，很多人因为无法接受这种"强迫大家同意总裁观点"的管理风格，纷纷离开了公司。

刘英武的独断专行还给宏基造成了一系列的失败。就拿收购德国公司为例来说，施振荣原本打算只购买当地子公司一半的股份，但刘英武却坚持按照IBM的方式购买100%的股份。结果是什么样子呢？施振荣说道："我们把德国公司的管理人员变成了普通员工，公司开始出现亏损。"在购买美国一家微机公司时，刘英武又犯下了同样的错误，以9000万美元的高价买下了这家公司，导致公司陷入不知怎样分派原有公司经理们的解雇费的困境中……由于经营不善，许多员工纷纷抱怨刘英武。宏基变成了一个不断争吵的阵营。为了稳定阵营，刘英武又招聘了9个高级经理充入宏基的高级管理层，并称之为"伞降部队"。

刚开始，施振荣虽然也听到了下面经理们的诸多抱怨，但他对刘英武的能力坚信不移，还是支持刘英武，但随着宏基总部连续三年的财务亏损，施振荣也逐渐意识到任命刘英武是一个错误。正如他所说的："我认为IBM公司是世界上管理最好的电脑公司，刘英武理所当然比我更有能力和经验。但他不是企业家，我对他授权太多了，太早了。"

从授权的角度而言，施振荣之所以会犯这样的授权错误，主要原因在于他在选择授权对象时，只是看中了对方的资历与声望，而忽略了对对方能力的考察。

施振荣授权失败的例子，从侧面反映了这样一个重要问题：管理者如果只依据学历授权，必不能公正地选择授权对象，势必失人心，失人才，失效益，因小失大，产生非常大的负面影响。

其实，寻找"择人"窍门并非难事，因为员工们在做非授权工作时，表现出色与否，一目了然。

总的来说，只要把握好三点选人要素，并将其有效结合，适合的人选必然手到擒来。

这三点选人要素，即：对工作任务的了解；对员工能力的了解；对授权目的的了解。

9.领导者常犯的授权误区

领导者在实际授权中出现的故障，并不是由于领导人员不了解授权的性质和原则，而是由于他们对授权所持的态度。

（1）授权太过随意。

陷入这一误区的授权人往往不能根据客观工作任务的情况，对被授权人应具备的能力等事实去慎重地挑选被授权人，而是以个人好感取人，或者从平衡组织内各派的权力出发挑选被授权人。他们往往认为员工对此项任务的内容，可能出现的问题以及相关的工作要求已经熟悉，不需要一一交代。其结果是，任务完成得十分缓慢，而且效果并不理想。

（2）不忍心给员工更大的压力。

一些领导者有这样的授权误区：尽管目前十分需要下放权力，但是由于担心员工过于忙碌，怕搅乱他们的工作计划，不忍心给他们施加更多的工作压力。这一看似十分有人情味的观念，实际上无法激发出员工的潜能，也不能提高公司整体的绩效。

对任何一名员工来讲，工作的目的绝对不仅仅是为了每个月按时发放的薪酬，而是工作中的挑战和被战胜后所带来的价值感。每一个人潜在的价值观都是接受挑战，获得成功。领导者要做的就是去激发他们。

（3）不信任被授予权力者。

一家三星级酒店，其领导者特别敢于放权给自己的员工，允许员工根据实际情况给不满意的顾客送饮料和水果，授予销售人员可请客户试餐的权力。开始有人担心员工会借机乱送饮料、水果，会随意请人吃饭，可事实上，员工不但没有乱支出，反而结交了许多客户，绩效也有所上升。

由此可见,把权过紧,不信任员工,其结果可能是员工在暗中想尽一切办法谋私利;反之,则能实现双赢。

赋权管理和授权管理是两个不同的概念:授权是始于领导者自己的工作,即将其部分工作授权给员工去做;而赋权管理是消除了对员工的约束,使他们能将自己的工作干得尽可能地有成效。

人们常说"投桃报李"。你的员工会因为你的信任而努力成为一个确实可以信赖的人,而你要做的就是给他们机会。很多时候,不相信别人等于不相信自己。要充分信任你的员工,并以此激发他们的工作热情。

(4)完美式的授权误区。

这类授权人要求员工不能有任何工作上的失误,这样就导致员工不敢大胆工作,遇到问题就往上推,组织的活力随之也会消失。

(5)反复无常的授权误区。

这类授权人在将权力授给员工的前后总是犹豫不决,反复无常,三心二意,这样时间长了,总会使组织和领导者本人遭受本来可以避免的损失。

(6)无反馈式的授权误区。

这种授权误区会让领导者不能及时获得各方面的信息以便修订本单位的发展战略、策略,也不能使授权人根据各种变化,有效地指导员工的工作,这必然会使授权人及其组织无法在各种发展变化面前制订、实施有效的应变对策。

(7)喜欢用自己的观点去引导员工。

这种授权的误区也可称为主观式地授权。这类授权不是按照完成工作任务所需的权力授权,而是以与自己的亲疏程度等作为授权的依据。这种做法,是官僚主义产生的温床,万不可取。

(8)自己重新做一遍。

这种授权表现在:在检查员工的工作时,发现员工没有做好,自己就直接操刀上阵;对员工提交的报告,感觉存在的问题多,于是就自己亲自动手修改;快到月底了,发现有些销售人员的业绩不理想,于是主管就直接去跑

市场……

作为领导者,即便是员工有做得不到位的地方,主管的第一反应也不应该是亲自出马,而是要教给他们一种工作的方法。因为,教练的主要职责是培养出优秀的运动员,帮助他们打破世界纪录,获得冠军,而不是替运动员上赛场。在对员工的工作感觉不满意的时候,自己亲自出马,固然能取得不同凡响的结果,但问题是员工却因此失去了一次成长、体验的机会。

(9)授权对象不当。

有个国王非常信任和宠爱一只猴子,甚至连自己的宝剑都让猴子拿着。

一天,国王带着猴子去赏花,感到有点疲倦,就在花房里睡着了。不一会儿,一只蜜蜂飞了进来,落在国王头上。猴子一看就火了,心想:"这个家伙竟敢在我的眼前蜇国王",于是抽出宝剑照着蜜蜂就砍了下去,结果把国王的脑袋给砍了下来。

国王的悲剧就在于将关系自己性命的权力,授给了一个没有保护能力的猴子,这种不科学的授权,最终导致了悲剧的发生。这种授权涉及了一个知人善用的问题,即将本该授予张三的权力授予了李四,或者是把授予张三更合适的权力授予了李四,这样可能会贻误展开工作的最好时机,甚至还会造成不堪的后果。

10.防控授权对象"越权"

在竞争激烈的今天,当领导把权力授予下属后,最不能原谅的就是自己因管理失策而失去权力。

所以,领导要有效地防止"越权",有以下的方法与艺术可供参考:

(1)明确职责范围

权力是适应职务,责任而来的。职务,是一定的职位和由此产生的职能;责任,是行使权力所需要承担的后果。有多么大的职务,就有多么大的权力,就承担多么大的责任。职、权、责一致是领导工作的一个重要原则。"有职无权",是被人"越权";"有权无职",是侵越了别人的权力。"越权"是"有权无责",被"越权"是"有责无权"。因此,只有职、权、责相统一,真正克服有责无职、有职有权无责、有职无权无责、无职无责有权等现象,才能防止"越权"现象。这就必须明确职责范围。

(2)进行一级抓一级的教育

除了明确职、权、责的范围外,还要对下属进行分级领导原则的继续教育。分级领导就是分层领导,这是事物发展的客观要求。任何事物都可看作一个系统,都作为系统而存在,都有层次结构,它的发展变化都是有规律的。系统之间能否有效地运转,是由层次性决定的,同一层次的系统功能联系需由各级系统之间自主地进行。只有在发生障碍、产生矛盾、出现不协调时,才提交上一层次的系统解决。这是分级领导的理论依据。

对下属的"越权",尤其是对有意的"越权",应提高到目无组织、目无领导,闹分散主义、本位主义和闹独立性的高度来认识。这样,下属对自己的"越权"才会引起警觉。同时,也要注意让他们不要"越"上级的"权"。

(3)为下属排忧解难

管理者在决策的基础上,在给中层主管部署任务、提出要求的同时,要深入基层,为下属完成任务创造必要的条件。要为下属服务,支持、鼓励、指导、帮助下属,关心、爱护下属,为下属排忧解难,及时解决他们工作中的自己难以解决的问题及不协调的关键问题。这样,也可以防止或减少他们由于来不及请示而出现的"越权"现象。如果不深入下属,不接近群众,高高在上,门难进、脸难看、事难商量,就会助长下属"先斩后奏"、"干了再说"的"越权"行为。一旦发生下属"越权"现象,要积极慎重地根据不同情况,采取不同方法加以纠正。

(4)表扬与批评相结合

对下属的"越权"行为,要做具体分析。有的下属"越权",是做了应由你决定的事。这是和他有较强的事业心、责任感,工作的积极性、主动性,想工作之所想,急工作之所急,不推不靠,敢作敢为,敢于承担责任等优点相联系的。这种"越权"的精神反而是可贵的。而有些人抱着"能推则推,能靠则靠,能拖则拖,能等则等,能舍则舍,得过且过"的思想,有何劲头去"越权"?对那种出自积极动机的"越权"下级,你应该既表扬又批评,肯定其积极性,指出"越权"的危害,又要帮助他分析研究不"越权"而又把事情办得更好的办法。这样,他们才能为管理者的公正、体贴、实事求是所感动,才能领悟到应该发扬什么,克服什么。

(5)维持现状,下不为例

管理者对中层主管"越权"产生的和将产生的效应,也要做具体分析。有时,下属"越权"决定或处理的问题,可能和你的思路、决策是相吻合的,是正确的,有时会干得更漂亮,成绩更出色。这样的状况自然要维持下去。有时下属"越权"的行为与管理者的正确决策有一定差距,在成果的取得上要受一定影响,有某些损失,但仍是正效应,无损于大局。对这样的"越权",尤其当它在进行的过程中,应尽量使其向更好的方向转化,以期取得更大的成绩。

(6)因势利导,纠正错误

有时下级"越权",对问题的决定或处理问题本身就是错误的——已经或正在产生负效应。这时,管理者就要根据情况予以补救并纠正,亡羊补牢,力争把损失减少到最低限度,并教育下属汲取教训,认清"越权"的危害性。

第七课

人尽其用

——让每个员工发挥其长，才能各尽其能

世界上没有两片完全相同的树叶，人一生中不可能两次踏进同一条河流，任何事物之间都有差异。同样，在企业里，每一个员工都有自己的个性、特长和工作方法，领导者只有让每个员工发挥其长，才能各尽其能。

1.把合适的人用在合适的岗位上

每个员工都有自己所长,主管要让每个人都能发挥他们的长处,最重要的就是要把合适的人用在合适的岗位上,让每个人的工作效率最优化。

10年来,柯达经理们进行了5次改革,但是都以失败告终。由于失败的挫折和投资者给予的压力,由纽约股票交易所前任董事长约翰·J·菲兰和可口可乐公司董事长罗伯特·C·C为代表的公司领导层在1993年辞退了凯伊·R·怀特董事长。他们推选了乔治·费雪为柯达的新总裁。他们认为,费雪才是这个职位的最佳人选,只有他,才是最适合这个岗位的人。而他,也只有在这个岗位上才能发挥出他的巨大实力。

53岁的费雪是一位应用数学博士,他曾在贝尔实验室和摩托罗拉公司任职。虽然他对化学或者是胶片生产知道得不是太多,但是他明白,公司不会轻易地进行改革。费雪当选为柯达公司的总裁后,他对媒体说:"柯达有自身的优势,我希望在公司现有的基础之上,寻求令人鼓舞的增长。"

貌似简单而令人吃惊的许诺引起了人们长期的争论。许多投资专家和金融分析家都认为费雪的许诺只是空口许诺。批评家认为该公司应该从现在起一步一个脚印,脚踏实地地削减成本,以获得最大限度的增长。同时还要收购股票,提高股价。分析家格勒热说:"我认为没有人能够做到这样。但是如果费雪做到了,那将是商业一大奇迹。"

结果,费雪上任之后,立刻烧了三把火:开展电子学产品业务、压缩贷款、加强宣传,终于使得柯达一步一步走出了困境。1994年3月,在学院授奖仪式上,费雪说:"93%的好莱坞导演都用柯达。"而且,为了实现向海外扩张的梦想,柯达已经采用了可口可乐的营销方式,一步一步地扩大了海外市场。

美国市场评论家们终于认识到，让费雪来担任这个职位是一个多么英明的决策。

其实，主管用人也如此。只要把人才放在合适的位置上，就能使他发挥出最大的功效，使绩效大大提高。所以，管理者要学会用人，把合适的人用在合适的岗位上。

(1)"天才型"员工

这一类表面看上去是"害群之马"的员工，往往胸藏机杼，工作起来游刃有余。他们是因为觉得在工作当中缺乏新的挑战，而感到失望。因此，对这一类员工，我们管理者应该让他们参加特殊的项目，或者甚至是做团队领导，不断加快他们轮换职位，这样才能够使得他们对新工作产生新的挑战欲望。

(2)"沉默寡言型"员工

这一类员工在工作上没有问题，能够应付大部分的工作任务。但是他们不会在团体会议上分享观念，也不会加入团体项目。因此，管理者们对这一类员工，应该让他们与那些更加积极自信的同事合作，或者不断地给予他们要求更高的工作，改变他们的行为。

(3)"工会代表型"员工

这一类员工往往会觉得，自己要坚持原则和管理层抗争，并且把这当做是自己的职责所在，因为劳资关系是一个长期的斗争过程。对这一类员工，管理者们应该让整个团体当场处理他们现实与理想之间的抱怨，与他们直接商谈业务等问题。

(4)"大材小用型"员工

这一类员工往往是没有能够"尽其才"，或者相对其工作来说培训过多。管理者们对这一类员工应该直接听取他们关于增加职责的建议，委派他们担任领导的角色。

(5)"不堪重任型"员工

这一类员工或许是技能太差，或许是缺少培训，不怎么胜任工作。进一

步培训要么不可行，要么无济于事。对这一类员工，管理者们应该将他们与那些"大材小用"型的员工搭配，安排他们做得来的工作，调整他们在队伍中的位置或者考虑将其辞退。

2.选聘人才时要考虑职位的要求

领导者只有让适合的人做适合的事，才能突出有效执行的能力，否则就很难达到目的。每个人都知道，执行力是有限的，某人在某方面表现很好，但并不代表他会胜任另一项工作。

一个工程师在开发新产品方面或许会卓有成就，但他并非适合当一名推销员；相反，一名成功的推销员在产品促销方面也许会很有一套，但对如何开发新产品，他却一筹莫展。

有一个这样的例子：一家大型化学公司的老板重金聘用了一位著名的化学教授，让其从事某一种重要产品的开发，但是几年过去了，仍然没有开发出适销对路的产品来，最终老板不得不痛苦地承认用这位教授是个天大的错误。其原因就是这位化学教授在宁静的学校里搞研究或许会很有成就，但如果置身于竞争非常激烈的市场中，由于他无法适应巨大的压力，因而就无法推出适销对路的产品来。

所以说，领导者在选聘人才的时候，应考虑到其执行力是否与职位的要求相匹配。只有选择到适合职位要求的人才，才能为企业创造出有效的价值。

"汽车大王"帕尔柏在开辟自己的汽车代理业务时，曾为自己的公司聘请了一位大汽车制造公司的管理人员负责汽车的营销业务。

这个新上任的营销主管,的确对汽车业十分内行,甚至能说出汽车所有零部件的名称和从哪可以买到它们等,但他对汽车的销售、销售人员的管理、如何控制不必要的销售费用、营销策略等方面的知识却一窍不通。由于他来自生产厂家,习惯于汽车的生产管理,对如何与厂方据理力争,抓到畅销车的货源,却没有一点建树,这使帕尔柏的希望落空。

后来,帕尔柏又聘了一位善经营、懂销售的人,由于这个人非常了解汽车的行情,推销中有自己独特的见解,更注意费用的核算,最终使公司的业绩蒸蒸日上。

对企业领导者来说,其主要职责就在于按照企业生产经营管理的要求和员工的素质特长,合理地"用兵点将"。

日本"重建大王"坪内寿夫就可以说是一个"点将"的高手,他在活用人才方面很具特色。坪内寿夫指出:"每个企业都有一些'窗边族',也就是专门在窗边待着,什么也不必做,就可以领取高薪的人。终日卖命勤奋的员工,看到这些悠闲的'窗边族',心中当然有所不满。如果公司无法改变这种现象,恐怕是难以服众的。我们讲究的是劳动价值,假如公司存在着游手好闲者,其他人自然也就会缺乏工作意愿。如果在我们的公司里有这种人,我就会把这些'窗边族'另派用场,在造船部门中,是绝对不会看见一个'窗边族'的。

"遇到这种'窗边族'的时候,我会让他明白,他一旦留在造船所,其他人势必会在他的影响下学着不工作,所以他应该离开这里。但我保证给他足够维持生活的薪资,替他另外找一个可以发挥其特长的工作,或者把他调到适合他的工作岗位上。领导者只有妥善处理这些'窗边族',才能为公司的成长和发展奠定好基础。"

坪内寿夫所倡导的是"适才适所"主义。就是根据员工的不同情况,将其安排到最适合他们的工作岗位上去。这样实施的结果,使得原先只从事造船业的人,觉得自己还能够从事其他工作。事实证明:很多人尝试新的工作后,很惊讶自己的能力,发现自己对新的工作竟也得心应手。

所以说，在坪内寿夫的企业里，员工们根本就不必担心自己无用武之地。在坪内寿夫的企业里，只要员工积极热诚，就能找到适合于自己的工作。

俗话说得好，"三人行，必有我师"。每个人都有自己的优点，能善用其所长以处事，必会收到事半而功倍的效果。成功的企业家用人的重要原则之一就是：适才适所。

3.容忍错误的发生并鼓励下属汲取教训

领导者解聘员工最常见的原因是某个具体的差错。如果这个差错属于道德败坏问题，解聘就完全理所应当。

举例来说，当腐败和大规模非法商业活动证据确凿时，俄罗斯总统普京就解除了原子能部部长阿达莫夫的职务，维护了俄罗斯领导层的道德水准。

只有正直的领导者才能赢得下属的信任，容忍胡作非为必然导致信任危机。

然而，优秀的领导人会容忍错误的发生并鼓励下属汲取教训。

20世纪80年代中期，新可乐的引入成为曝光度最高的商业失败案例之一。面对消费者巨大的消极反应，77天之后，传统可口可乐重回市场。

尽管大败一场，然而新可乐项目中却没有人受到谴责，更没有人被解雇。

这个项目的领军人、营销主管齐曼虽然事后离开了公司，但7年之后，他又重回可口可乐，领导全球营销部。公司CEO郭思达解释说："不能容忍错误，我们就会丧失竞争力。如果你的出发点就是避免出错，你就走上了无所

作为之路。你跌倒，是因为你在前进。"

原谅齐曼的大错，使公司从中汲取教训，是郭思达卓越领导力的明证。新可乐溃败之后，可口可乐重整营销策略，逐年从百事手中夺回市场份额。

正确对待错误的关键，是要用心良苦地将错误公之于众。如果员工意识到可以对问题进行开诚布公地讨论，他就知道，承认错误、改正错误会得到支持。比起独断、排斥、惩罚或者解雇，积极的、面对面地交流，效果会更好。你最终将会看到，团队的业绩、士气和团队精神将因此而大幅提升。

因为整体上不称职而解聘下属的情况很常见。商业上如此，政治上同样如此。

20世纪80年代，英国首相撒切尔夫人在组阁之际不得不做出艰难抉择："我同样也让豪威尔和扬从内阁离职。豪威尔作为内阁大臣的缺点在他任职能源部的时候就已经显现出来，而他在交通部的表现也证明我的判断没有错。无论是作为反对党还是作为特别委员会主席，他都具有足够的卓越才能，但他缺乏创造性的政治想象力和实干才能形成的综合素质，这使他不能成为一流的内阁大臣。"

当然，即使下属不称职，一个杰出的领导也应该对其加以教育和指导，促使他改头换面。进行指导时，尤其要让员工更好地了解他们自身和他们的工作。这可以让他们知道如何改善心态，在面对与业绩相伴而来的焦虑、屈辱和挫折时更讲究方式方法。

耐心的指导者会注意避免操之过急，不给受训的人设定过高目标。受训者提出问题的时候，不是匆忙给出答案，而是诱发受训者首先说出问题的确切含义。问题了然于胸之后，答案自然就有了，受训者就可以在没有指导的情况下自发地寻求答案。

如果教育和指导没有达到预期的效果，领导者别无选择，只有裁员。即便如此，领导者本人也要承担部分失败的责任。正像匈奴王阿提拉所说的："首领如果不称职，等级最高的下属也不能接替他；首领失败了，下属也好不到哪去。"

另外,所有领导者都一定遇到过自己的权威受到下属挑战的情形。是应该视而不见,还是用心对付发起挑战的人?

爱德华兹在1990年成为首位完成环球帆船赛的女性,她曾做出过一个艰难决定——很早以前,爱德华兹解雇了船队中的二号人物——她的大副。

领导者一旦感到队伍中有人起了破坏作用,就必须采取行动。做出决定尽管艰难,但不可避免,此举增强了领导者的可信度,而逃避问题造成的破坏性甚至要超过那个"挑事儿"的人的坏脾气。

领导者有责任事先定好上下级关系,为工作方式定下基调,并把这些信息有效地传达给下属。对领导者的挑战多半来自于对既定的理念和上下级安排的不认可。一旦某些挑战破坏了队伍的运转,就必须面对它、解决它。领导者如果不得不在捣蛋分子和团队精神之间做出抉择,如何取舍是显而易见的。

4.善于跟性格迥异的人合作

一个贤明的领导者应该知道,跟不同风格的人共事不一定是坏事。只要各自的工作风格能够珠联璧合,配合得天衣无缝,他们的合作就会强而有力。

他还应该知道,不仅应该细心研究自己及周围人员的性格特点、工作作风以及心理状态,更应做到因地制宜,对症下药,这样工作起来才能得心应手,事半功倍。

人的行为风格可分为以下四类:分析型、推动型、表现型及温和型。

分析型

他们是完美主义者。他们事事力求正确,精于建立长期表现卓越的高效

流程;但他们的完美倾向会导致大量繁文缛节,做事喜欢墨守成规。

因此,不要指望这些谨小慎微的人会果断决策。这类人总是搜集尽可能多的信息,权衡各种选择,甚至一些不可能的选择。他们常常苦于决策。

分析型的人喜欢独立行事,不愿意与人合作。尽管他们性情孤傲,但令人惊喜的是,在患难之中却最见其忠诚。

温和型

他们适合团队工作。他们常喜欢与人共事,尤其是人数不多的团队工作或两人合作。这类人淡漠权势,精于鼓励别人拓展思路,善于看到别人的贡献。由于对别人的意见能坦诚以待,他们能从被其他团队成员随手否决的意见中发现价值。

温和型的人常常愿为团队默默耕耘。由于他们的幕后贡献,往往使他们成为团队中的无名英雄。这种无私的奉献固然伟大,但他们可能会走极端,只顾别人却忘了及时完成自己的工作。

温和型的人一般在稳定的企业组织或架构清晰的公司中表现出色,一旦他们的角色得以界定,方向明确,他们就会坚定不移地履行自己的职责。

表现型

好炫耀。他们敢于夸口,好出风头。这类人喜欢惹人注目,是天生的焦点人物。

表现型的人活力十足,偶尔也会显露疲态。这往往是因为失去别人刺激的结果。也许由于他们精力充沛,所以总喜欢忙个不停。

但表现型的人好冲动,常常在工作场所给自己或别人惹来麻烦。他们喜欢随机做事,不爱计划,不善于时间管理。他们能抓大局,放弃细节,喜欢把细节留给别人去做。

推动型

注重结果,在四类人中最务实,并常常为此引以为自豪。他们喜欢定立高却很实际的目标,然后付诸实践。但他们极其独立,喜欢自己定目标,不愿别人插手。

善于决断是其显著特点。推动型的人无论表达意见还是提出要求都很直率。他们实干但不囿于琐事，理智但不迂腐。

推动型的人看重眼前实际，很少理会理论、原则或情感。他们懂得随机应变。但这类人有时太好动且行动迅速，往往因仓促而走弯路，从而带来一些新问题。

5.掌握留人的基本原则

求"安"是人生的根本要求。在中国，一个"安"字，代表着安慰与欣喜。孔子希望我们用"患不安"来削减员工的"不安"，因为"安"乃是激励的维持因素。然而，员工不可能完全达到"安"的地步，"不安"只能削减，却无法消灭。

员工的求"安"，主要考虑"同仁"与"环境"这两大因素。而两者互动，因此产生愉快的工作环境，可以胜任的工作，适当的关怀与认同，同仁之间的融洽与合作，合理薪资制度与升迁机会，良好的福利，安全的保障，可靠的退休制度，以及合乎人性的管理等需求。

"安则留，不安则去"，乃是合理的反应。员工的求"安"程度不同，认为大"安"、久"安"、实"安"、众"安"的才会安心地留下来；认为小"安"、暂"安"、虚"安"、寡"安"的，虽然留着，心中仍有"不安"必须设法予以消灭。

"安"的反面是"不安"。公司不能做到"有本事就来拿"，过分相信甄试及测验，以致不知如何识才、觅才、聘才、礼才、留才、尽才，员工就会"不安"；家族式经营并非不好，但是如果不敢相信外人，不能容才、用才，就会构成员工"留也不是，去也不好"的"不安"；管理者不了解真正适合中国人个性的领

导、沟通、激励方法,不能人尽其才,也会引起员工的"不安"。

当然,公司的经营方针不明确、缺乏技术开发能力、劳务政策不能顺应时代的潮流,或者不能重视整体发展,都是员工"不安"的诱因。

"不安"的象征,最具体的,莫过于高层不放心、中层不称心,而基层则不热心。必须设法做到高层放心、中层称心、基层也热心,才是真正"安"人的表现。

我们不妨把员工分成四种,归纳为下述四种形态:

(1)稳定型。认为工作胜任愉快,而工作环境也相当良好的,自然身安心乐,称之为稳定型——是因为这一形态的员工多半会稳定下来,不容易见异思迁。

(2)矛盾型。认为工作胜任愉快,而工作环境则有很多不如意的地方,去留之间相当矛盾,时常犹豫不决。

(3)游离型。认为工作环境相当良好,不过工作则不能胜任。遇到有更合适的工作机会,就可能离职他去,所以称为游离型。

(4)滚石型。对工作不能愉快胜任,对工作环境也有诸多不满。在这种情境下,实在很难安心工作,以至于"骑驴找马",一有机会便准备跳槽。

矛盾的员工,觉得工作相当理想,舍掉十分可惜。但是在工作环境方面,则有许多不安,例如公司的照明不佳、通风不良、交通不便、噪音太大、空间太小,以及用餐不方便、安全不放心,等等,使员工觉得内心非常矛盾:"走,可惜;留,难过。"

这时候我们应该把员工的不安,区分成为个人的或集体的两大类。个人的,个别解决;集体的,则由公司统一予以改善。

削减工作环境方面的不安,可以按"马上能做的,立刻解决;过一段时间就能改善的,宣布时间表;暂时不可能的,诚恳说明困难的所在"的原则,逐一改善或说明。只要员工觉得合理,自然会减少不安的感觉,使自己改变形态,从矛盾型变为稳定型,因而安心工作了。

游离型的员工,认为工作环境相当理想,可惜工作很难胜任,当然谈不

上愉快。

工作的胜任与否，直接影响员工的工作业绩及工作满足。员工的个别差异，正是主管指派工作时必须考虑的关键一点。员工的特点如果配合工作的特性，例如成长需求较高的员工，给予比较复杂的工作，而成长需求较低者，则不妨调派比较简单的重复性或标准化的工作。

实施在职训练，乃是使员工由不胜任而胜任的一种方法。定期或不定期地工作轮调，则是增加员工工作变化性的有效方式。变化性加大，可以降低员工对工作的厌倦程度，是工作的横向扩大。工作丰富化在垂直方向有所延伸，增加员工的自主责任，使其获得更为完整的满足。工作改善，自然减少员工的游离感，促其趋向稳定型。

滚石型的员工，由于工作与工作环境俱不合适，因而他们身不安，心不乐。这种心态如果不予改变，就会产生很多不做事、光捣蛋的滋扰分子，令人头疼不已。

人事部门最好和他谈谈，不必直截了当地指责他，用一个中国人熟悉的"缘"字来沟通。先说他似乎和现在的主管没有什么缘分，所以处得不愉快，工作绩效也不高。然后让他挑选认为比较有缘的主管，如果他愿意接受，便调单位让他试试；若是他不愿意接受，也让他明白，并不是人家都欢迎他。

如果一个人调职之后有所改变，等于救活了一个人。若他没有改变，则问问他的感想，让他自愿离职最好；若他不自愿离职，由与他比较接近的同事劝导他；若他不听，则和他的家人谈谈；若再不接受，人事部门可以正面劝导其离职他就。

6.对员工不要太吝啬

领导办事,贵在用人,而要用好人,则首先应给人以一些好处和利益。古今中外,用人而不予人利益就能办好事,则是很少见到的。人世间任何一个人的进取精神和事业心,都是与某种利益相关联的,或为立功,或为立言,或为财利,或为子孙之业,或为精神上的快乐。

"主将之法"在于揽英雄之心,其方法之一就是考虑人才的利益要求。《三略》中说:"夫用人之道,尊以爵,赡以财,则士自来。"意思是说:用人的方法,就是按功行赏,有大功者封以爵位,以示其尊,以成其名;并给予财物以供养他,以济其生,以济其家。这样才能使能人志士无后顾之忧,无叛逆之心。所以兵书中总结说:"礼崇则智士至,禄重则义士轻死。"

就是说,尊崇有才能的人,那么智谋双全之士就会投奔于你;俸禄优厚,忠义之士就会死命报效。所以在对待真正的能人贤才时,不要吝惜钱财,封赏有助之士,不要有意拖延,错过最佳时机。这样就能上下团结,并办成事。如果不考虑贤者能人的利益要求,一味地只要他们奉献,这就犹如只要马儿跑,却不给马儿草料一样,久而久之,则必然人心涣散,就会有背离之心,而无效命之恩。

一般来说,志士仁人对自己利益并没有过分的要求,所要求的多为处尊位、扬其名。但是不过分要求利益,并非不要利益。因为才智之士,其才能所带来的利益是巨大的,有时候他们的一个策略、一次谋划,顶得上千军万马。所以"尊之以爵,以显其名;赡之以利,以对其功"是用人的基本法则。

韩信攻下齐国后,派使者请刘邦封他为齐王,刘邦初不想封,谋士张良

劝之，终于封韩信为齐王。而刘邦最后借助韩信的军事才能，终建立了汉王朝。

曹操死后，曹丕代汉立魏。避于西蜀的刘备的下属官员于此时也劝刘备称帝，以重整旗鼓，恢复汉室。但刘备觉得不妥，坚决不从其说。后来诸葛亮来劝说，刘备则欣然同意。诸葛亮说辞的主要内容，就是指出许多将士追随刘备转战南北，不辞艰苦，目的就在于建功之后能立业，有尺寸之封。"天下英雄喁喁，冀有所望。如果你不就帝位，这些士大夫就会重寻明主，没有一个人敢于追随你了。"于是刘备听从诸葛亮之言，称帝而封功臣，赏斗士，人心安定。

能否很公正地封功臣，赏贤士，在于用士之人的眼光和心胸。吝啬的主子心胸狭窄，以为是自己开创了事业，天下是他一人或他一家的天下，生怕别人沾了他的光，仿佛别人给他干活是在吃他的闲饭，那他就只会让人卖命，而没有"尺寸之封"，无"一两之赐"。最后众散士离，落下他一个孤家寡人。项羽这个"霸王"就是如此。心胸开阔，气度非凡的人会认为：天下是天下人的天下，事业是所有参与这项事业的人的事业。有这样心胸的人，才能与贤士能人共渡患难，共享欢乐，分享胜利成果。而不会像越王勾践那样，只能共患难，不能共欢乐。也正是勾践有这样狭窄的心胸，大夫文仲冤死，范蠡隐遁，勾践失去了左膀右臂，最后骄纵而失国。

古代成功的领导者多把钱财富贵花在志士能人身上，而当今的很多企业领导者则不仅肯把钱财花在人才身上，而且还肯花在其他普通的职工身上。这也许是社会的趋势所在吧。对职员过于吝啬的后果是很糟糕的。

日本麦当劳汉堡包店每年平均在职员身上花费1000万日元给东京荻洼卫生医院和警察医院，作为保留病床的基金。

当麦当劳汉堡包店的职员或其家属生病、发生意外时，可立刻住院接受治疗或者动手术。即使职员在星期天有了急病，也能马上送入指定医院，避免在多次转院途中因来不及施救而丧命。

近4年麦当劳汉堡包店的员工都不曾因病住院，那么每年1000万日元，4

年共4000万日元的钱岂不是白花了?

但只要能让员工安心工作,对麦当劳汉堡包店来说就不会吃亏了。

麦当劳汉堡包店所采用的方法就是全体员工及其家属都能得到一张诊断卡,可随时凭卡住院。

像麦当劳汉堡包店这样处处为员工着想的企业机构,在日本算得上是绝无仅有。

日本麦当劳汉堡包店的信条是:为员工多花一点钱,绝对值得。

7.选人用人常见的误区

在现代管理中,选人用人的一个重要原则,就是"能级能质",与岗位要求对应。所谓能级,是指人才能力的高低层次;能质,是指人才能力的不同素质类型。"能级、能质,与岗位要求相对应"的原则,就是根据不同人才系统对人才能级、能质的要求,选用具有相应能级、能质的人才;保持系统的有机协调和动态对应。实现因事择人,量才任用。

但是,由于人才的能级和能质不易把握以及其他原因,在选人用人时,常常失之偏颇,造成能级、能质与岗位要求的不相对应,归结起来,大致有三种情形:

大材小用

庞统的才华出类拔萃,与诸葛亮并称"卧龙"、"凤雏"。鲁肃在写给刘备的推荐信上写道:"应使处治中别驾之任。"而刘备最初却只让庞统做个小县令,实际上这是一种人才的浪费。庞统抱有经天纬地之才,对刘备的任命怀有不满。幸好庞统没有转投别处,不然的话,刘备就会失去一个难得的人才。

关于大材小用的危害，著名管理学家理查·柯乃洛说过："将小问题交给'解决大问题'的人手里，比之将大问题交给'解决小问题'的人手里还要糟。将小问题交给'解决大问题'的人物，他们必然厌烦乏味，不仅把兴趣转移到别的方面，而且还会离你而去，那就等于糟践人才。"关于庞统屈任县令后消极怠工的表现，诸葛亮解释得非常有道理："大贤若处小任，往往以酒糊涂，倦于视事。"

常言道，人才难得，才干超群的人更是凤毛麟角。理查·柯乃洛说："大多数人都喜欢解决较容易的问题，因为它能令人愉快。但也有人喜欢处理艰难的问题，从而使自己得到锻炼和发展。只是这一类人比较少，一旦你发现了一位善于'解决大问题'的人，你可得抓住他，他可能就是一位未来的成功者。"

小材大用

在漫长的中国历史上，这种现象的存在非常普遍。从夏朝开始，君主世袭制度确立，一直延续到清朝灭亡，曾造就了一大批昏庸无能、执掌权柄的昏君。

刘备的儿子刘禅就是一例。纵观刘禅的品行，他根本就没有能力担负最高统治者的大任，这一点刘备最清楚，诸葛亮也不是不知道。然而由于君主世袭的观念根深蒂固，刘备死后，刘禅顺理成章地当上了蜀国的皇帝。诸葛亮虽然握有重权，但皇位上坐着的毕竟是另外一个人，诸葛亮的治国治军才能受到了无形的限制，难以充分施展才干。由于诸葛亮的辅佐，刘禅的昏庸给蜀国带来的危害尚有一定限度；诸葛亮死后，才智低下的刘禅宠信宦官黄皓，把井井有条的蜀国搞得乱七八糟，最终导致亡国。

在现代社会中，小材大用的现象也很普遍。论资排辈、任人唯亲等观念经常在一些人的头脑中作怪，有些管理者缺乏对下属的了解，仅凭片面印象就用人。于是，一些无德、无才、无智、无勇的庸人时常被推上重要岗位，滥竽充数，贻误了事业。

曾经盛极一时的美国王安电脑公司也走向了倒闭的惨局。造成这一局

面的首要原因就是用人不当——小材大用。1986年,由于身体状况欠佳和受浓重的"传子"意识影响,王安将公司交给了自己的儿子王列执掌。尽管王安深知王列才能平庸,但他还是希望自己的儿子能在锻炼中成长起来。当36岁的王列首次以主席身份主持董事局会议时,他根本不知道公司发生了什么事情。此时公司已经出现财政危机,而他还大谈如何改进管理,令董事局对他大失信心。数名多年追随王安的老职员也因此而辞职,使公司组织的元气大伤。两年之后,公司财政状况越来越恶化,出现了严重的亏损,成为王安电脑公司走向衰败的转折点。

用人所短

我们讲"能质",就是指人才能力的不同素质类型,切忌错用。

街亭失守,在于诸葛亮错用了马谡守街亭。马谡追随诸葛亮多年,为诸葛亮出过不少好主意,虽然是个好参谋,但却不是一个独当一面的将才。诸葛亮偏偏在关键时刻让他去守街亭,那么失败就是不足为怪的。

台湾总源沙拉油公司就是因错用人才而造成了巨大损失。总源公司是台湾最大的食用油加工企业。公司所有人陈书友为了使企业管理现代化,决定将所有权与经营权分离,于1973年聘请日本人中川担任公司总经理,授予其经营管理的全权,自己只担任董事长。40多岁的中川在大学时是学化学专业的,此人并不是帅才,掌管基层部门尚有能力,担任这么大公司的经理,实难称职。加之中日文化和经济差异,中川能管理好日本的企业,却不能很好地管理台湾的企业。中川一上任,就照搬了日本的管理模式,搞乱了企业原有的章法,使企业第一年就出现了亏损。陈书友本着"用人不疑"的原则,只当交了学费。第二年公司又赔钱,陈书友又视为企业经营转型期的必然现象。到了第三年企业经营仍无起色,陈书友一调查,才发现公司纪律松弛、账目不清,总共亏损1.2亿元台币,给总源公司带来了巨大的损失。

8.在选人用人时应注意以下两点

"能级、能质与岗位要求对应"的原则，从理论上讲并不艰深难懂，但操作起来确也不是轻而易举的。

为力求避免大材小用、小材大用和用人所短等现象发生，在选人用人时，应注意以下两点：

(1)对人才的能级、能质做客观的、综合的考察

衡量一个人才是否堪当重任，不能戴着有色眼镜，也不能依据一时的、片面的印象。有些企业和部门不惜金钱和时间，精心设计了一套程序，用于对人才进行全面、客观的记录、测试和考核。有的学者提出，在了解人才系统中各个层次、各个岗位对人才能级、能质的需求之后，要想做到量才适用，就应给予测试对象一个机会，看其是喜欢解决难题还是喜欢解决容易的问题，从中了解测试对象的智慧、信心、经验及才能，和他与人相处的方法。这样做可以节省时间和资金。

(2)人才的能级、能质与岗位是动态对应的

因为人才的情况在变化。要允许人才流动，能上能下。此外，要使岗位能级要求略高于人才的能级水平，这样才具有挑战性，催人奋进，最大限度地发挥人才的潜能，促进人才的成长。

日本"经营之神"松下幸之助认为，企业运用人才主要是合适。小材大用，大材小用，都不是理想的用人准则，唯有适才专用，才能使人发挥他的极致。

松下幸之助于1918年开始做生意，当时公司的规模很小，所幸那时松下幸之助已拥有了适合的人才。按照当时的规模，在学校前三名的优秀学生是

不会到松下电器公司来的，如果他们来了，松下幸之助也会感到困扰，因为没有合适的工作给他们做。

所以到松下店里来工作的人，大部分都来自普通小学校，很少来自高等学府的，公司那时甚至想要找中学毕业的人才都需费一番工夫。直到1927年，松下幸之助才开始网罗专门学校的人才。也就是说，松下幸之助做了9年生意，才第一次雇用了两名从专门学校毕业出来的学生。这使松下幸之助感觉到，企业雇用的人才都要适合工作的需求，这样才能把生意做起来。因此，后来松下公司所属不管哪一家分公司或事业部，都以寻求适合自己立场、经营状态的人才为准绳。

在松下幸之助看来，雇用太优秀的人有时有些麻烦。当然他们也是勤快的工作者，但大都会抱怨："这么无聊的工作，一点乐趣也没有。"但如果聘用不这么自负优秀的人，他们就会常常心存感谢，满意自己担任的职务和工作环境而认真工作。所以松下幸之助认为，有时雇用太优秀的人反而不好。

在日本有句话说："适合身份。"意思就是以公司经营政策为前提，雇用身份合适的人。若你也能热心地寻求到这些人，就不会觉得人才难求了。

松下幸之助最后总结说："世上没有十分圆满的事情，只要公司雇用到七十分的中等人才，说不定反而是公司的福气，何必一定要去找一百分的人才呢？"

在21世纪，企业之间的竞争就是人力资源的竞争，这要求企业一定要注意对人才的培养，在选择和使用人才方面要量才使用，做到适才适用，才能使其内在的潜力得到最充分的发挥。

9.敢用比自己强的人

刘备的才不高，但是他敢大胆启用比自己才高几倍的"卧龙"和"凤雏"；刘备会武但不精，但是他也敢用比自己武功强出许多的五虎上将；孙权肚里倒是有些货，但是他手底下的周瑜、陆逊哪一个不比他强？

敢用比自己强得多的人，这样取得的不仅仅是简单的效益，更多的则是意想不到的成功。

电话的发明人贝尔深知自己在经营管理方面并非强手，于是将自己一手创办起来的贝尔电话电报公司交给西奥多·维尔这一资深职业经理人，于是贝尔公司一举击败了西部联合公司的进攻，资本也由1878年的85万美元一跃而升为1885年的6000万美元。

在美国钢铁大王安德鲁·卡内基的墓碑上刻着这样一段文字："这里安葬着一个人，他最擅长的事，是把那些强过自己的人组织到他管理的机构中为他工作。"作为企业的管理者，一定要具备卡内基这种精神：敢于任用强于自己的人。

安德鲁·卡内基还有一句非常经典的话："你可以把我的工厂、设备、资金全部夺去，但是只要保留我的组织和人员，几年后我仍将是一个'钢铁大王'。"卡内基之所以成功，主要是因为他善于运用比自己强的人。在今天，管理者更要具备这种胸襟、气魄和能力。

美国奥格尔维·马瑟公司总裁奥格尔维就是这样一位出色的管理者。

一天，奥格尔维召开了一次很特别的董事会议。他在每个董事面前都放了一个相同的玩具娃娃。董事们面面相觑，不知道是什么意思。奥格尔维说："各位把面前的玩具娃娃打开看看吧，那就代表你们自己！"董事们把玩具娃

娃打开,结果发现:大娃娃里装着个中娃娃,中娃娃里装着个小娃娃。他们继续打开,里面的娃娃一个比一个小。当他们打开最里面的玩具娃娃时,看到里面有一张奥格尔维亲手写的纸条:"如果你经常雇用比你弱小的人,我们的公司将来就会变成一个矮人国,变成一家侏儒公司;相反,如果你每次都雇用比你高大的人,我们的公司将来必定成为一家巨人公司。"这件事给董事们留下了深刻的印象,所以在以后的岁月里,他们都尽力任用能力比自己强的人才。

后来,人们便把奥格尔维的用人之道称为"奥格尔维法则",也称"奥格尔维定律"。它强调的是人才的重要性,要求管理者善于运用比自己更优秀的人。

然而在现实生活中,很多管理者在用人时,却总是抱着"武大郎开店"的心态,对高过自己的人一概不用,对低于自己的人却情有独钟,大加使用。之所以会出现这种现象,一方面是嫉妒和自私的心理在作祟,管理者担心能力比自己强的人羽翼丰满后会取代自己;另一方面也是缺乏自信心的表现,管理者担心自己不如下属,会丧失自己的威信。这种用人观,既会埋没优秀的人才,挫伤员工的工作积极性,又会给企业造成巨大损失。

事实上,管理者敢于和善于使用比自己强的人,不仅不会威胁到自己的地位,相反,这种用人观会避免下属用阿谀奉承的手段混饭吃,促使他们凭真本事、真功夫去做事,从而有助于管理者巩固地位,树立权威。

是否敢于和善于任用比自己强的人,这是管理者在用人上对自己的最大考验。能否做到这一点,取决于管理者的心胸、态度、胆识和魄力。管理者如果能大胆任用比自己强的人,下属得到的将是机会、是锻炼、是信任,这样一来,他们就会产生"两肋插刀"和感恩的情怀,从而努力工作,积极进取,追求卓越,团队和企业也能得到更好的发展。

10.优化人才组合，实现团队协作

对一个团队而言，仅仅做到重视个人能力与职位相配还不行，团队需要的是整体的力量，而不是个人能力最优化。要实现整体的力量最优化，就应该实行优化组合，使团队之间的人能够相互取其长、补其短。

松下幸之助有一个著名的"两个轮子"的管理哲学。这一个观点的论点就是："员工与领导者，是公司企业车上的两个轮子。只有当两个轮子都处于协调、均衡状况的时候，我们才能够真正得以生存、发展和繁荣，厂方和员工也才可以得到效益，两方面本来就是相互依存的。"因此，他认为，一个企业，一个公司，一定需要有协调的行动，不然，这样的组织就会是一个失败的组织。领导者的一个重要职责就是维持企业内部的协调，而要维持企业内部的协调，就应该实行优化组合。

有这样一则寓言：有一个很善良的人刚刚死去，上帝决定让他去天堂享福，并派了一个天使前去引导他。于是天使领着他前往天堂。天使和他走过一个房间，他看到里面有很多人，那些人手持长柄的勺子，围着一口大汤锅，抢着从锅里捞东西。但是因为柄太长，勺子里的汤都送不到自己嘴里，他们挤得一塌糊涂，却谁也喝不上汤。天使告诉他："这里就是地狱。"

又走了一阵子，天使和他走过另一个房间，他看见里头也有一群拿着长勺的人，他们也是手持长柄的勺子，围着一口大汤锅。但是与刚才那一个房间里面的人不一样的是，这个房间里面的人都是排队从从容容地舀出汤，然后用长勺互相喂食。这里面一片幸福安详。"我们到了，这里就是天堂。"天使说对他说。

同样是很长的勺子，同样是围着一口大锅，但是没有一种优化组合的结

果就是谁也不能够喝到汤,而一旦大家相互优化组合在一起,每一个人都可以喝到鲜美的汤了。天堂与地狱的差别就在于此,一个优秀的团队和一个差劲的团队,其差别也在于此。从这一则寓言当中,我们可以看到,对一个团队而言,良好的组合是有多么的重要。同样的团队人员、团队资源,由于不同的组合方式,就会有不同的力量,就能产生出不一样的绩效。

作为团队的领导者,一个重要的任务就是要让自己的团队处于一个优化组合的状态。优化组合这一个原则包含的内涵有两个方面:

其一就是要让每一个人都待在合适的岗位上,人尽其才,人尽其用,发挥出每一个人的最大功效,这是对每一个员工个体来说的;

其二就是要让企业内部实现有机协调。在有机协调之中,企业获得的总的力量,将会远远大于将员工所有力量的简单相加,这就是优化组合的效果。

同时,要做到团队人员的素质互补性,使之产生协同效应,实现真正的优化组合。

第八课

恩威并重
——领导者最高明的管理艺术

领导者的影响力来自哪里？用两个字即可以概括：一个是"权"，一个是"威"。在很多人看来，领导的艺术就是"恩威并施"。"如何能让员工既爱又怕，既能让员工感觉到约束力，又能充分地发挥其主观能动性"，这几乎是所有领导者心底里最大的愿望。

1.一味的温和并不是好事

在管人理事中，人们一直提倡温和管理。主要领导要具有亲和力，如此才能得到下属的认可和热爱，尤其是在下属犯了错误的时候，领导一定要耐心开导，而不是批评指责。但是一味的温和、过分的耐心也许并不是一件好事。就像在一个孩子的成长中，既要有慈母的温和，还要有严父的严厉才能健康成长一样。单有慈母的温和，是孩子成长道路上的一个缺陷，甚至有可能导致其误入歧途。所以，在企业管理中，领导可以适当地运用斥责的方式鞭策个别下属的进步。

松下幸之助认为，下属身上最宝贵的莫过于他们的责任心和羞耻心。在企业经营中，为了调动下属的积极性，也可以适当地运用斥责的方式激励下属做出更好的成绩。松下幸之助经常运用斥责来教导部属。他认为，有斥责才有进步，领导关心员工，就要学会运用"责骂"这一手段。

吉诺·鲍洛奇脾气暴躁，他发脾气时，毫无顾忌，直截了当，有什么说什么。他很有能力，精力充沛，智慧过人，对下属的工作却十分挑剔。一旦下属没有把事情办好，他就会对其横加指责。

一次吉诺·鲍洛奇到一个即将开工的新工厂去检查工作。这时，离预定的开工时间还有3个星期，如果不能按时开工，将会给公司带来巨大的、无法弥补的损失。然而来到新厂的吉诺·鲍洛奇竟怒不可遏，原来由于时间紧、任务重，吉诺·鲍洛奇派到这家即将开工的新厂里工作的下属都是他的得力干将。但吉诺·鲍洛奇却看到下属们个个一副狼狈不堪的样子——满脸疲惫，浑身是泥，他顿时怒从心头起。更令他无法忍受的是，新工厂还没有装好电

灯,只有一个临时替用的电灯泡。于是吉诺·鲍洛奇火冒三丈,厉声斥骂道:"你们一个个无精打采,是干工作的样子吗?像你们这样的进度,公司不毁在你们的手上才怪呢!"斥责完之后,他一走了之。受到斥责的下属的自尊心颇受打击,他们加倍努力,夜以继日地拼命干,力争按期完成任务,赢回可贵的自尊。

吉诺·鲍洛奇斥骂下属时,总是因为下属的工作表现不佳。他斥责的目的,在于督促下属努力工作,是出于对公司事务的关心,对工作的负责,因此,下属总能理解他、原谅他。在吉诺·鲍洛奇的斥责下,下属能够奋发向上,互相鞭策,因而公司发展迅速,很快就由一个家庭式小作坊成为一家拥有亿元巨资的大公司。

那么,对哪些员工可以使用斥责的技巧呢?

(1)有能力却不思进取的人

有些下属精力充沛,没有压力,不思进取,很容易满足于现状,对这种人,你就应该给他"泼冷水",适当地指责,并且把一些重要的工作交给他。这时你可以这样对他说:"小李,这项工作只能交给你了。我知道你平时的工作记录不是很出色,但我希望你能尽心尽力地完成它。"听完这话后,小李肯定会有种不舒服感,甚至会有不服气的感觉,他会把怒气转化到工作中,全心全力地去工作。

(2)足够自信的人

因为只有自信的人在受到斥责的时候,才不会变得畏首畏脚,更加不敢往前走。有些下属虽然很有才华,但是却有些自卑感,总怕自己干不好,这时你若斥责他,狠狠打击他,会让他更加怀疑自己的能力。所以,对这种下属,你采取行动时不要太鲁莽,要讲点方式方法。

(3)心理承受能力好的人

有的下属的心理承受能力较差,自尊心很强,如果遭遇到了你的斥骂,他会认为自己很没有脸面工作了,一怒之下就会选择辞职,或者一蹶不振,那结果就适得其反了。所以,领导在斥责的时候,一定要考虑对方是不是一

个心理承受能力好的人,不要轻易做出斥责这样的行为。

(4)心态较好的人

责备的用意是希望指正对方某方面的过失,而不是全面否定对方的人格。可是我们也知道,如果下属的心态不够好,就很容易把你的斥责当做是全盘否定,一旦出现这种情况,就适得其反了。所以,领导在责备指正下属时,除了要让下属明白你到底在做什么,还要考察对方的心态是否端正。如果对方的心态不端正,则应该适可而止。

2.批评员工必须建立在尊重和用心的基础上

这是一个总经理就员工批评发出的"求助信"。

首先,我自认为自己不是一个求全责备、过于严厉之人。我知道这个世上没有十全十美让我完全满意的员工,我也不会要求每一名员工样样都能达到我的期望;所以,接下来请不要拿这些大道理来回复我,我现在需要的是技巧性动作。

其次,这些天一直让我困惑和思考的问题,就是该不该指出下属的缺点? 如何提?

我新来公司不久,在观察了一段时间之后,我觉得有几个员工的能力、专业和经验不适合他们所在的岗位。本公司是一家网络公司,盈利主要靠广告收入。我时不时都会指出他们在工作中的失误,都是非常具体的错误,而不是泛泛而谈的大道理。

可是,他们后来都跑掉了。他们说我不是一个好领导,整天就知道抱怨。天地良心,我是一个心态积极、从不怨天尤人的人,经历过各种打击还是此

心不改。所以,他们的离职对我不是什么坏事,我只是对他们的前途感到担忧。

但现在有一件事,却让我难以把握了。在剩下的老员工里面,我的助理可以说是我最信任的,公司里面的所有事情我几乎都会跟她商量——她也很为公司着想,任劳任怨,一心扑在工作上,经常加班加点。

但她有两个毛病是我不能接受的:一是私心重,二是喜欢找借口。因为她是我身边最忠心的幕僚,自然她的权力也较一般经理大,她便会在报销的时候多报,或者在购物的时候,为自己顺便买一些小东西。

还有就是她喜欢为自己找借口。比如,她会为迟到找借口,因为一些公司的事情会假借手机没电说回不了电话……其中有相当一部分理由是不成立的。

为这个毛病,我犹豫和思考了好久,但我终于还是说出来了。因为,如果她不改正这个缺点,那我会很担心,而且她这样做,对公司的发展也确实是不利的。

与她沟通的时候,我是借助一件事情而说的。那件事情是她没有做好,我在批评她的时候,她竟然又说是其他员工不配合所致。这让我有点恼火了,我料想多半是她自己交代不清所致。但我还是打电话给另外一位员工核实情况,果然是那位同事没有收到明确的任务布置(当然,如果这位同事够聪明的话,他也能联想到这个任务,但我觉得我们不能这么要求一个员工)

于是我就借题发挥,趁机数落了她的缺点,告诉她我为什么发这么大的脾气,不只是眼下这件事,而是她自身的缺点。

这一下不得了啦,从此后,她的积极性大受影响,在工作上也不再那么主动了,对我也不再嘘寒问暖了。她每天只是中规中矩地做事,也不再发表自己的意见。有些事情,我吩咐了,她就做,也不再主动了……

所以,我真的非常迷惑:下属有缺点,我该怎么办?我好歹也是个总经理,难道我连下属在工作中的失误和缺点都不能提吗?为什么一提到他们的

缺点,就会出现那么大的反应呢,不是辞职就是消极对抗?

从这位总经理的表述中我们看到,他现在遇到困境的一个最根本性问题就在于他自以为"是",即总觉得自己是正确的,别人应该理解和服从,应该按照自己的要求去做,甚至应该按照自己想象中的要求去做,或者别人天经地义地就应该和自己想的一样,而一旦别人的行为和自己想象的不一样时,就觉得是难以理喻和不可救药的。

这一点其实是很多领导者的通病,而且在这个案例中表现非常典型。比如,这位总经理开篇就说,"首先,我自认为自己不是一个求全责备、过于严厉之人。我知道这个世上没有十全十美让我完全满意的员工,我也不会要求每一名员工样样都达到我的期望"。

但是,我们每个有管理经验的人都对此心知肚明:当一个人越是刻意强调自己"不看重××"的时候,其实他内心深处真正看重的就是这个"××"。比如工作中,很多人在谈到和薪酬或待遇有关的问题时都会说:"首先声明,我并不是看重钱,只是我觉得公司的薪酬制度……"但是我们都知道,他就是想说"钱"的问题。

这位总经理一再强调自己"不求全责备"、"不会要求每一名员工样样都达到我的期望",但是从他后面自己描述的表现("我时不时都会指出他们在工作中的失误")以及对员工管理的实际的效果("可是,他们后来都跑掉了。他们说我不是一个好领导,整天就知道抱怨")看,他的问题恰恰就在于他的"求全责备"和自以为是。

而这位总经理让自己深陷"批评门"困境的另一个根本性的原因则是——缺乏反思和自省。在气走了那么多员工之后,他还觉得问题不在自己,只在他人。

领导者在面对员工的时候,首先要做的一点就是要把员工当做一个有思想、有感情、活生生的"人"来对待。事实上,你的批评能否取得预期效果,关键不在于你自己的动机或出发点有多么"高尚"或者"正确",关键在于你批评的对象,他从你的批评中能得到的个人主观感受。如果他的感受是"消

极的"、"负面的"、"被否定的"、"被贬低的",那么,无论你自己觉得你的批评行为多么正确、多么高尚、多么富于技巧,都只会收获相反的结果——员工的敌对、反感,甚至反抗。

因此,作为领导者的你,要想使你对员工的批评富有成效,要让别人心悦诚服地接受你所指出的缺点,并心甘情愿地做出调整和改变,就必须从真心帮助对方进步的角度出发,用不伤对方自尊的、能够给对方带来积极情绪体验的方式(至少不能是消极的情绪体验)来给出你的批评、你的反馈。

事实上,我们批评员工,最根本的目的是"消除过失,而保护个人",即纠正员工的不当行为,避免攻击其人格缺陷,避免否认其个人价值。因此,有效批评的第一个原则就是"指责行为,尊重个人"。如果你纠正的是一个具体的行为,而并不伤害他们的个人情感,他们就不会感到需要为自己辩护。

然而,批评通常就像是在木板上钉钉子。即便把钉子拔了(批评过去了),钉眼还会留在那里。因此,要想使你的批评更有效,并把这种"钉眼效应"降到最低,甚至使之消于无形,就需要做到另外一点:赢得员工的"认同",即让员工对你的批评心服口服。

老子说:"大巧若拙。"意思是说,真正的"巧",不是那种违背自然规律、卖弄小聪明的"权谋",而是那种处处顺应自然的规律,在这种顺应中,使自己的目的自然而然地得到实现的"智慧"。

那么,批评员工的自然规律是什么?就是前面说的人性中最基本的渴望"被尊重"。而要想顺应这种规律,实现有效的批评,最重要,最基本,也是最简单的一个技巧就是用心,即作为领导者的你要用心了解员工的价值观,用心了解他认知事物的方式,用心选择说服他的方法。

用什么心?用对待客户的心,用谈恋爱时候对待爱人的心。

想想吧,如果你想对你的客户提出批评或负面的反馈时,你会怎么做?你一定会用心去想一个他最能接受的方式,而且还会设法告诉他你的

意见是对他有利的。同样的,如果你想对你的恋人提出批评,你会怎么做?你肯定会找一个她心情还不错的时候,用最委婉的方式,耐心地(甚至还会拐弯抹角地用举例、隐喻等方法)把问题讲出来,最好的结果就是你在讲的过程中,让她自己觉得自己的行为不妥。而且,聪明的批评者还会在委婉地"批评"后,采取一些缓和的方法,或者给对方一个台阶下,来消除那个"钉子眼儿"。

因此,当你觉得你对员工的批评为什么总是不能被他接受的时候,你不妨问自己一个问题:我批评员工的时候用心了吗?

3.学习一些批评员工的小技巧

当然,管理是科学,也是艺术,批评员工也是要有方法和技巧的。在明白了批评员工的"大道理"和"大智慧"之后,不妨也来探讨几个小技巧。

(1)用标杆的方法和表扬的方法,把"批评"变成"自我批评"。正如我们都知道好孩子是表扬出来的一样,好员工也是表扬出来的。因此,作为领导者的你,要想让员工自愿地做出行为的改变,你需要懂得积极引导比消极否定更能让员工做出改变。要用积极引导的方式,要用树立榜样和标杆的方式,要用示范的方式(最好是你自己带头),来感染员工,促进员工的改变,而不是单一的批评。每个人都是有荣辱感的,当他知道了"好"与"坏"的区别之后,他就会自觉地进行"自省"和"自我批评",自觉地向好的行为看齐。

(2)不要总是亲自"批评",要学会塑造团队氛围,让团队文化来矫正其错误行为。作为领导者,特别是高级领导者,要学会把那些你倡导的价值观、

行为方式、思维方式变成团队的文化和氛围。这样，就能让团队的全体成员去替你"监督"，替你"批评"，而不是总是自己事事出头，把火力全都吸引到自己身上，把"所有问题都自己扛"。

(3)批评要懂得"抓大放小"，不要总是盯着一些细枝末节的"小节"不放。什么是"大"？原则是"大"、价值观是"大"、绩效目标是"大"。如果违背了这些，或者没有达到某种成果，那就要坚决追究。但同时也一定要懂得"放小"，不要把什么"小节"(特别是和自己的习惯、想法、思路不一样的小节)看得太重，更不能像员工评价的那样"整天就知道抱怨"。试想，谁会喜欢一个天天否定自己的领导呢？

(4)做一个温和而严厉的经理。作为领导者，衡量你优秀与否的一个重要标准就是你带领团队取得的成效。没有规矩不成方圆，必要的行为约束、行为纠正、员工批评是不可避免，甚至是必须的。但是，严格的要求与员工的尊重和服从并不矛盾，关键看你怎么做。我们知道，行为从目标开始，结果靠行为来实现。如果你一开始就在目标上严格要求，行为上密切关注，并及时为员工的工作行为提供支持、帮助和反馈，帮助他们完成目标，取得业绩和成就，那么，他们就会在你的严格要求和必要的批评背后，看到你的很多的关心和尊重之情。而有效批评的威力恰恰来自于你发自内心地对他们的关心和帮助。正如一位总经理说的，"我对员工真的已经很好了，好到大家如兄弟姐妹一样，我不喜欢摆架子，也很少用命令式的语气去分配任务的"，其实他是没有搞清楚什么是真正有效的管理。严格要求和是否摆架子没有关系。有效的领导者是一个严格而受人尊敬的领导。

其实，在管理实践中，有一种现象尤其值得注意，即，越是职位高或者越想做到高层领导者的经理人，越应该学习如何"有效地批评别人"。因为，更多的时候，你的职位越高，会越让你倚重组织赋予你的"职权"来批评员工，想当然地在内心深处认为自己是正确的，从而忽视了学习如何"有效地、建设性地进行批评"。事实上，会不会"有效地、建设性地"批评下属，和职位高低无关，而是和你的"领导力修养"有关。

美国前总统艾森豪威尔曾经说过:"领导是一门艺术,它让人们去做你想让他们做的事情,而且他们非常乐意去做。"而作为一个领导人、一名(高级)领导者,你的一言一行、一举一动,你做的决定,你说的话,甚至仅仅是你脸上的表情,都会影响员工的士气,但是,只有正确的指导思想,才能让你产生正确的行为。

4.保持距离,才能树立权威

人性的弱点之一就是因为熟悉而失礼,不自觉地过界。俗话说:"没有规矩难成方圆。"如果领导者对员工的态度过于亲密,就很容易使自己丧失威严,难以将管理落到实处。

日本八佰伴集团前总裁和田一夫在破产后痛心疾首地说:"在这次破产中,我学到的第二点就是不能因为是兄弟、一家人,管理上就松手,做出人事上的错误判断——如果五年前我就拿出勇气更换社长的话……我深切地体会到,在残酷的生意场上,温情是致命伤,对任何一个组织都是这样。人事上一旦讲了人情,将来就一定会出差错,甚至导致崩溃。"

从和田一夫的这番体会中,人们可以得出这样的结论:兄弟情谊、朋友义气是隐藏在组织管理中的一颗定时炸弹。

也许有人认为,领导者越是平易近人,越能和员工打成一片、称兄道弟,管理的效果就越好,其实不然。权威是领导者的标志,失去权威只会让你变得平庸而软弱,进而导致企业人心涣散。拥有权威才能显示出领导者的尊严和不凡,也才能拥有真正的追随者。

卓有成效的领导者从来不问一个员工跟自己是否合得来,他们考虑的

是员工究竟贡献了什么。这就揭示出这样一个问题——适度距离管理。

著名经济学家亚当·斯密曾说过："来到公司的所有人都只有一个动力：纯粹的个人利益。"这句话就道出了公司和员工的原始动力都是各自的利益。就其本质而言，领导者和员工的关系就是一种雇佣关系，领导者为员工提供利益，员工则追随其后。

圣人孔子说过一句话："临之以庄则敬。"他在2000多年前就告诉统治者要用庄重严肃的态度对待民众，这样，民众自然会尊敬你。

与员工保持距离并不是说不能和员工建立感情，相反，管理者应该和员工建立起良好的人际关系。领导者和员工之间应保持一种亲密的、有距离的工作关系，以大家都明了的规则处理工作，以此来避免员工间不必要的猜疑、嫉妒和紧张。

距离适度的另一个要求就是领导者应保持适度的神秘感。领导者不能把所有的情况都向员工公开——不该他们知道的就绝不能让他们知道。这是让员工对领导者尊重的有效手段，也是领导者树立权威的重要体现。

总之，领导者若与员工的关系过于亲近，往往会带来许多麻烦。领导者只有适当、刻意地保持和员工的距离，才能避免不便，还能使员工意识到权力等级的存在，感受到领导者的支配力和权威，而这种权威，对领导者巩固自己的地位，推行自己的政策和主张是绝对必需的。否则，员工就会因为轻视领导者的权威而怠惰、拖延，不利于开展工作。

因此，作为领导者，要充分认识到这点，千万别和员工称兄道弟，而是要和员工建立起一种既紧密合作又泾渭分明的管理关系，这样才能充分发挥管理的效用。

领导者千万不要既想当员工的好朋友，又想做一个称职的好主管，想两面兼顾，只会里外不是人，吃力不讨好。你的员工会认为你的这种行为是典型的"两面派"做法，并对此怀恨在心。

要做到这点，关键就在于拿捏好和员工相处的"度"，比较理想的做法有下面几点：

(1)召集所有员工,用诚恳的语言告诉他们你作为一名主管所坚持的立场。也许你在某些方面可能会做出令他们不乐意接受的规定和要求,尽管你对此也并不赞同,但却不得不做。

(2)努力向你的员工表现你的能力和热情,坦率承认自己的错误,不懂就问。

(3)和员工保持距离,不要介入他们之间的是非纠纷,保证自己公平公正地对待每个人。

(4)也不要摆出高人一等的姿态,这会导致你和员工的关系不和,不利于工作的开展。

总之,领导者应该摆正自己与员工的位置,与员工打成一片和与员工称兄道弟是两个完全不同的概念。模糊自己与员工所扮演的角色的领导者,绝不会是一个成功的领导者,这也是在管理中需要绝对避免的。

5.既有亲和力,又有不怒而威的威仪

领导者高高在上,工作上不体恤下属的艰辛,生活上不关心下属的困难,情感上不过问下属的冷暖,这就完全背离了人性化管理的要求;领导者虽然谦恭低调,但却一味无原则地迁就下属,对下属的错误言行不予指正,逐渐助长下属的歪风邪气,致使他们不听指挥、不服管教、不受约束。毋庸置疑,这两种极端做法都是要不得的。

日本松下电器创始人松下幸之助认为在:"企业领导者对待下属,应该像慈母的手紧握钟馗的利剑一样,平日里给予无微不至的关怀,犯错误时给予严厉的批评或惩罚,恩威并施、宽严相济,这样才能提高领导者的威信,从

而成功地驾驭下属。"

松下幸之助说,慈母的手,慈母的心,是每一个领导者都应该具备的。对自己的下属和员工,要真心地予以维护和关爱。因为他们是你的同路人,甚至是你的依靠。但同时还必须严厉,尤其是在原则和规章制度面前,更应该严厉无比,分毫不让。对那些违犯了规章制度的员工和下属,就应该举起钟馗剑,狠狠地砍下去,绝不姑息。

随身听是索尼公司最重要的电子产品之一。一次,一家分厂的产品出了问题,总公司不断收到客户的投诉。后来经过调查发现,原来是随身听的包装上出了点问题,但并不影响随身听的使用,分厂立即更换了包装,解决了客户投诉的问题。可是公司总裁盛田昭夫并没有就此罢手。

分厂厂长被叫到总公司的董事会议上,要求对这一错误做陈诉报告。在会上,盛田昭夫对分厂厂长进行了严厉的批评,并要求公司上下引以为戒。这位厂长已经在索尼公司干了几十年,这是他第一次在大庭广众之下受到如此严厉的批评,所以他感到异常难堪和尴尬,禁不住失声痛哭起来。

会议结束后,这位分厂厂长精神恍惚、有气无力地走出会议室,正考虑着准备提前退休。突然盛田昭夫的秘书把他叫住,热情地邀请他一块儿出去喝酒。在酒吧里,这位厂长不解地问:"我现在是被总公司抛弃的人,你怎么还这样看得起我呢?"盛田昭夫的秘书回答说:"董事长一点也没有忘记你为公司做的贡献,今天的事情也是出于无奈。会议结束后,他担心你为这事伤心,特地派我来请你喝酒。"

接着,秘书又说了一些安慰和鼓励的话,这位厂长极端不平衡的心态这才稍稍缓和了一些。两人喝完酒,秘书又把他送回家。刚一进家门,他的妻子就迎上来对他说:"你真是一个备受总公司重视的人!"

这位厂长听了感觉很奇怪,难道妻子也来挖苦自己?这时,妻子拿出一束鲜花和一封贺卡说:"今天是我们结婚20周年的日子,你都忘记了!"

这位厂长更加疑惑不解了:"可是这跟我们总公司又有什么关系?"原来,索尼公司的人事部门对每位员工的生日、结婚纪念日等重要节日都有记

录,每逢这样的日子,公司都会为员工准备一些鲜花、礼品。只不过今年有些特别,这束鲜花是盛田昭夫特意为这位厂长订购的,并附上了他亲手写的一张贺卡,以勉励这位厂长继续努力。

盛田昭夫不愧为一个"恩威并施"的高手,为了总公司的利益,他对下属的错误不能有丝毫的宽恕,但考虑到这位厂长是位老员工,而且为索尼公司做过突出的贡献,为了有效地激励他改正错误,从而更加积极努力地为公司效力,又采取了请喝酒、送鲜花的方式对他予以安抚和鼓励。盛田昭夫这种"恩威并重施"的管理方法,被很多人称为"鲜花疗法"。

那么,领导者应如何做到"恩威并施"呢?

以人为本顺民意

领导者应该对下属多一些人文关怀,放下架子,主动和下属多接触、多交流、多谈心,以清楚地了解他们的心理所需,并给予他们力所能及的帮助;切忌以领导自居,高高在上,对下属不闻不问,甚至拒人于千里之外。此外,领导者在做重要决策时要民主一些,主动征求下属的意见,以争取下属最广泛的理解和支持。

赏罚分明树正气

领导者如果有功不赏,有过不罚,必然无法鼓舞士气,激发下属工作的积极性,这样一来,整个企业团队就会逐渐丧失凝聚力和战斗力,必然导致政令不畅。因此,身为领导者,必须做到赏罚严明,赏要赏得众望所归,罚要罚得心悦诚服,这样才能树立起领导者的权威。

刚柔相济立威仪

对待下属,领导者应以亲善为主,面带微笑,让下属如沐春风。领导者如果总是冷若冰霜,一脸严肃,下属就会对你敬而远之。但是,领导者也不能做没有原则的老好人,对待下属的错误言行必须及时指出,要晓之以理,动之以情。如果下属所犯的错误比较严重,必须予以相应的批评和惩罚。这样,领导者才会既有亲和力,又有不怒而威的威仪。

6.发火不宜把话说过头,不能把事做绝

　　无论以前还是当今,为人下属容易产生这样的心理:自己犯了错,不愿承认,不愿认输,努力保全面子,一旦受到领导惩罚,自己在众人面前脸面丢尽,那么这时便会对领导人记恨在心,甚至拿出"宁为玉碎,不为瓦全"的气概跟领导斗个天翻地覆。

　　一旦这种现象发生,不但下属心理畸变,无心工作,扰乱了正常秩序,而且容易形成内部纷争,从而"祸起萧墙",离心离德,从整体上削弱集体的竞争力。

　　领导者要想不招下属的怨恨,首先就不要让下属积怨。

　　诸葛亮是严罚而不招恨的典范。他挥泪斩马谡,马谡在头颅落地的那一刻还在感激丞相没有把他满门抄斩,而答应善抚他的妻儿的恩情。

　　诸葛亮治理蜀国时不用严刑峻法,不纵容奸小,而是坚持公心执法,让受罚者心服口服。

　　史称诸葛亮执法甚严,参谋法正看不过去,便忠告说:"以前汉高祖攻陷秦都咸阳时,公布《法三章》,受到苦于暴政的百姓欢迎。丞相何不也放宽法律,应老百姓的期待?"

　　诸葛亮回答说:"你只知其一,不知其二。秦朝老百姓苦于无道的暴政,所以高祖放宽法律才受到老百姓的欢迎,使高祖得到天下。但蜀之前主刘璋既不施恩惠,也不用刑罚,施行极其优柔寡断、见风使舵的政治。我为了改善这种混乱的风气,所以采用严法,有功的人就赏,有罪人就罚。治世要用大德,不能施小惠。刘璋每年都颁布大赦令,但老百姓不会珍惜,所以他的政治一塌糊涂。"

人家评价诸葛亮"严罚而不招怨恨"时说："只要立功，无论身份多么卑微，诸葛亮必赏之；如果犯罪，无论地位多么高，诸葛亮必罚之，绝对没有私心。正是这一点能够凝聚人心，促进团结。"

治理时不在乎你严不严，而在乎你公不公。武侯祠前的对联说得好："能攻心，则反侧自消，自古知兵非好战；不审势，则宽严皆误，后来治蜀要深思。"

一般人极爱面子，一旦感到受了羞辱，丢了面子，必然会千方百计伺机报复，否则，他就会感到一辈子抬不起头，是谓"有仇不报非君子"。一件很小的事，如果处理不好，下属就会记恨在心。所以对下属一定要以礼相待，不要以为没有大事，就心生懈怠。不要以为下属现在对你言听计从就没有心怀不满。不论下属的地位多么卑微，也不要轻侮他，因为"君子报仇，十年不晚"。但是，治理时也不能因害怕招下属记恨而不施惩罚。下属是否会"心怀怨恨"，不在于你罚他重不重，而在于你的处罚是否公平。只要你坚持"公心执法"，下属是会心悦诚服的。

领导者在工作中，不免有生气发怒的时候。发怒，足以显示领导者的威严和权势，对下属构成一种令人敬畏的风度和形象。应该说，对那种"吃硬不吃软"的下属，适时发火施威，常常胜于苦口婆心。

上下级之间的感情交流，不怕波浪起伏，最忌平淡无味。在这个问题上，有经验的领导者既敢于发火震怒，又有善后的本领；他们既能"狂风暴雨"，又能"和风细雨"。

在平时工作中，适度适时地发火是必要的，特别是遇到某些原则问题或在公开场合碰了钉子时，或对有过错的人帮助教育无效时，必须以发火压住对方。当领导人确实是为下属着想，而下属又固执不从时，不管领导发多大火，下属都会理解的。

但是，发火不宜把话说过头，不能把事做绝，那样的话就起不到说服的目的了。而应注意留下感情补偿的余地。领导人话一出口，一言九鼎，在大庭广众之下，一言既出，驷马难追，而一旦把话说过头，则事后就容易骑虎难

下,难以收场。所以,发火不应当众揭短,伤人之心,导致事后费许多力也难挽回。

发火应当虚实相间。对当众说服不了或不便当众劝导的人,不妨对他大动肝火,这既能防止和制止其错误行为,又能显示出领导人具有威慑性的力量。但对有些人则不宜真动肝火,而应以半开玩笑、半训斥的方式去进行。这样做,使对方既不能翻脸又不敢轻视,内心还有所顾虑——假如领导认真起来怎么办?

另外,发火时要注意树立一种被人理解的"热心"形象,要大事认真,小事随和,轻易不发火,发火就叫人服气,长此以往,领导者才能在下属中树立起令人敬畏的形象。日常观察可见,令人服气的"发火"总是和热诚地关心帮助联系在一起的,领导者应在下属中形成虽然脾气不好,但心肠热的形象。

日常发火,不论多么高明,总是要伤人的,只是伤人有轻有重而已。因此,发火伤人后,需要及时地善后处理,因为人与人之间,不论地位尊卑,人格都是平等的。妥当地善后,要选时机,看火候,过早,对方火气正旺,效果不佳;过晚,则对方积愤已久,不好解决。因此,以选择对方略微消气,情绪开始恢复的时候为佳。

正确的善后,要视不同的对象采用不同的方法。有的人性格大大咧咧,领导发火他也不会放在心里,故善后工作只需三言两语,象征性地表示就能解决问题;有的人心细明理,领导发火他能理解,也不需花大工夫去善后;而有的人则死要面子,对领导向他发火会耿耿于怀,甚至觉得刻骨铭心,此时则需善后工作细致而诚恳。对第三种人,要好言安抚,并在以后寻机通过表扬等方式予以弥补。还有些人量小气盛,则不妨使善后拖延进行,以"天长日久见人心"的方式去逐渐感化他。

7.用铁的纪律约束每一个成员

著名的前苏联教育家马卡连柯曾说过："遵守纪律风气的培养，只有领导者本身在这方面以身作则，才能收到成效。"作为一名领导，在规则和纪律面前，要身先士卒、以身作则，只有自己做好了榜样，才有资格去批评和引导那些没有遵守纪律的人。

俗话说："正人先正己。"要求别人做到的，领导自己必须先做到；要求别人不做的，领导自己必须坚持不做。只有这样，领导才能给下属们积极的影响，使他们不敢轻易触碰纪律和规则的底线。

在联想集团，董事长柳传志有许多传奇故事，其中有一则就是他严于律己、迟到罚站。联想集团每周都会举行办公室例会，有一段时间，一些领导由于多种原因经常迟到，于是会议没法正常召开，大家只好坐在那里等领导来，这样浪费了很多宝贵的时间。

柳传志发现这个问题后，补充了一条会议纪律：凡迟到者，都要在门口罚站5分钟，以示警告。纪律颁布后，迟到现象得到了很好的纠正，被罚站的人也少了很多。

可是，有一次柳传志因为特殊情况迟到了，他走进会场后，大家都在等着看他怎样解释和面对。柳传志首先诚挚地向大家道歉并解释迟到的原因，然后他很自觉地站到大门口罚站5分钟，这件事很快就传开了，整个联想集团的员工都为柳传志5分钟罚站而喝彩，其效果也是不言而喻的。

柳传志的做法与当年曹操"割发代首"有异曲同工之处，他们都是在用实际行动为大家做表率。面对自己犯的错，他们没有找借口搪塞，更没有

只字不提，逃避过去，而是勇敢地承认错误，然后按照自己定下来的纪律来惩罚自己。

作为公司的老板，公司的各种规定大都是老板与高级管理者共同制定出来的。如果这些规定只是给普通员工制定的，那么这无形中就是告诉员工：领导和员工是不一样的，在同样的错误面前，受到的"待遇"是截然不同的。这等于是把领导分为一派，把普通员工分为一派，这样就容易导致领导失去威信，不利于整个团队凝聚力的形成。如果你不希望公司出现这些不良后果，就要学会以身作则，为普通员工树立一个好的榜样。

在有着和谐氛围的公司里，领导从来不认为自己高人一等，他们和普通员工是平等的。只有在这样的氛围里，当领导犯错了，员工才敢于指出领导的错误。美国TBM公司董事长沃森身上发生过类似的事情。有一次，沃森陪同一个国家的王储参观工厂，走到门口时，被两位警卫拦住了。"对不起，先生，您不能进去，进入IBM的厂区需要佩戴蓝色的胸牌，进入行政大楼的工作人员佩戴的是粉红色的胸牌。您佩戴的是粉红色的胸牌，因此不能进入厂区。"

沃森的助理彼特对警卫叫道："这是IBM的董事长沃森，你们难道不认识吗？现在我们要陪重要的客人参观，请你让开。"警卫说："我们当然知道这是沃森董事长，但公司规定必须佩戴蓝色的胸牌，所以，我们必须按照规定办事。"

这件事给沃森很大的感触，他认识到自己作为领导，没有做好表率，因此他非但没有责怪警卫，还表扬了他们，然后安排助理赶快更换了胸牌。

看看这些大公司的领导，他们对待公司的规定，从来都是一视同仁地遵守的。即便他们也违反过公司规定，但他们能及时认识到错误，并且会按照规定处罚自己，这种认错和守纪的意识，是值得我们学习的。

对一个企业而言，如果没有制度和纪律，就必然会造成整个企业执行力的缺失，以及部门的内耗、操作系统的紊乱。所以，在一个企业里，敬业、服从、协作等精神永远都比任何东西重要。当然，这些品质不可能与生俱来，所

以，对员工进行培训和灌输纪律意识就显得尤为重要。就像军队不断要求每个人的着装和仪表一样，最后是要让所有人都明白："纪律只有一种，这就是完善的纪律。"

8.领导者要明确自己的"角色定位"

成功的领导者要对自己做出如下角色定位：

第一个定位：懂得做人

品德高尚是成功之本。会做人，别人喜欢你，愿意和你合作，你才容易成事。在商业来往中，往往是"和自己喜欢的人在一起做自己喜欢的事"，这是最理想，也是最基本的前提。

第二个定位：善于决策

决策是行使权力的主要表现形式。决策权是所有权力的核心，企业领导者的主要职责就是决策。决策本身就是一种比较、选择的过程。

第三个定位：相信自己

成功的企业领导者都具有很强的自信心，有时会有咄咄逼人的感觉。他们既会在自己内心里相信自己，也会在公众面前表现出这种自信心。他们没有自我怀疑的毛病，也从不怨天尤人，他们热情而充满信心地面对新的挑战。

第四个定位：明确目标

目标给了你一个看得见的射击靶，它是构成你成功的砖石。成功的企业领导者习惯于创造一个令下属追求的前景和目标，并将它转化为大家的行动，去完成或达到所追求的前景和目标。

第五个定位：充满热忱

热忱有时候比领导者的才能更为重要，若二者兼备，你将天下无敌。企业领导者的最大才能就是使人产生激情，要对部属不断地给予称赞、鼓励；使员工精神振奋，不断进取。

第六个定位：顽强精神

成功的企业领导者都懂得，在你放弃努力之前，你并没有真正的失败。世界上大多数重要的事情是由这样一些人完成的，他们对看起来毫无希望的事情仍然不断地努力。那些有成功欲望的人，无论是顺利，还是失败，他们都会说："再来一次！"

第七个定位：重视人才

企业最好的资产是人。企业领导者的美德在于挑选好的合作伙伴。选一个适合的人，比选一个优秀的人更为重要。"适才适所"才是企业用人的最高准则。特别是重要岗位的人才，企业领导者往往都习惯于自己挑选。

第八个定位：充分授权

成功的企业领导者通常也都是授权者，他们是知道如何让别人做得比自己更好的人，且习惯于把能找到的最优秀的人才留在身边，授予他们权力，不加干涉。

第九个定位：激励团队

组成一个优秀团队并不断地激励他们是一件非常重要的事情。激励是一种鼓动，是学会如何让别人去做你想让他们去做的事情。一个成功的领导人，必须是一个能激发起员工工作热情的人。

第十个定位：终生学习

未来唯一持久的优势是：比你的竞争对手学习得更快。在商业竞争日趋激烈的今天，企业领导者面临着更新观念、提高技能的挑战，因此需要终生学习。一个领导者只有不断地学习，才能把企业做得更好。

第十一个定位：持续创新

一个好的企业领导者绝不会满足于维持现状。他们懂得，"如果你满足

于现在的状况,你就丧失了创新的能力",而创新则是人类发展的源泉。他们希望变革——因为成功的领导者知道,只有不断革新,他们的事业才能繁荣昌盛,更加辉煌。

第十二个定位:架构关系

关系已成为人际社会中个人成长、企业成事的重要条件和资源。关系就如同网络,架构起人与人、群体与群体、企业与客户、企业与企业之间的互动;关系如同银行的存款,有存有取,关系不断;关系如同个人的作用,有借有还,再借不难。但是若只知一味地支取,不去存储,就会有拒绝往来的一天。

第十三个定位:抓住机会

小小的机会往往是伟大事业的开始,一旦机会被把握住时,机会就会越来越多。做好迎接机会的准备,而机会没有来,总比有一个机会,而你却没有做好准备要好。"机遇是给有准备的人的"。

第十四个定位:有效沟通

未来的竞争是管理的竞争,竞争的焦点在于每个社会组织内部成员之间及其外部组织的有效沟通上。领导者与被领导者之间的有效沟通是管理艺术的精髓。比较完美的企业领导者习惯用约70%的时间与他人沟通,剩下30%的时间用于分析问题和处理相关事务。

第十五个定位:经营未来

许多人不成功是因为他们把大部分时间都花在了眼前大量的紧要事情上,而没有时间去做那些较少但重要的事情。我们不妨用20%的时间去处理眼前那些大量的紧要事情,这只是为了眼前的生计;而把80%的时间留做那些较少而很重要的事情,这是为了未来。

第十六个定位:赢得拥戴

一个企业领导人的梦想不管如何伟大,假如没有拥戴者的认同与支持,梦想依然只是梦想。要赢得拥戴者的首要任务就是:认同我们的拥戴者,并找出他们共同的渴望是什么。

第十七个定位：勇于自制

具有高度的自制力是一种最难得的美德。热忱是促使你采取行动的重要动力，而自制力则是指引你行动方向的平衡轮。它能帮助你的行动，而不会破坏你的行动。一个有能力管好别人的人，不一定是一个好的领导者；只有那些有能力管好自己的人，才能成功。

第十八个定位：培养下属

成功的公司之所以成功，是因为他们有好的领导者。它滋养了机构各个层面主管的发展，让他们有充分展示自己的机会，并把他们造就成领导者。

第十九个定位：注重家庭

成功的企业领导者常把婚姻比作登山的后援营地。他们在后援营地上所花的时间，绝不少于实际登山的时间，因为他们知道，他们的生存常常与后援营地是否牢固和存粮是否充足有关。

第二十个定位：经营健康

企业领导者通常必须在"不寻常的时间"中料理事物，如果你有某种宿疾，那么你的创业之路必定荆棘满布、困难重重。不会管理自己身体的人，亦无法长期管理他人；不会经营自己健康的人，就不会经营自己的事业。一个成功的企业领导者，通常习惯于为明天储备健康。

9.时刻记得自己身为领导者的"角色威信"

对一个领导者而言，任何时候你都是大家关注的焦点，你的一举一动都会传递出各式各样的信号，而你周围的人也会因此而做出各种不同的解读和应对。管理就是这样一个人际互动的过程。

很多领导者经常跟员工讲："兄弟们,上班的时候我们是上下级,下了班咱们就是兄弟、哥们。"这句话说说可以,但是你别把它当真去做。对一个领导者而言,只要你在员工面前,任何时刻你都是他们的上级。你陪他们喝酒、唱卡拉OK,都是一项工作。

假如一个经理下了班后和下属去酒吧喝酒、唱歌,然后喝醉了就发酒疯,在那里呕吐得一塌糊涂,还骂街、乱说话、借酒发疯,丑态百出。第二天早上你清醒了,回到办公室说:"不好意思,昨天做那些是因为喝醉酒了,且是下班时间,到了上班时间我还是领导。"请问有用吗?你的威信已经完全没有了。

所以对一个领导者而言,你在任何时刻都是领导者。哪怕你去员工家里做客,都是一项工作。什么叫职业经理人?以管理为职业的人。既然以管理为职业,任何时刻你在下属面前就都是领导。就像营销人员一样,只要在客户面前,他永远是你的客户,你都是一个服务者。

在美国的军队里面,军官俱乐部和士兵俱乐部是严格分开的,士兵永远不许进军官俱乐部。为什么?就是一样的道理。他们知道,不能让士兵看到原来军官们喝完酒也是那副德性,那以后这些军官就没有管理威信了。

请注意,你周围的人随时随地都在注视着你,你的影响力比你想象的要大得多。一个领导者,在管理当中所扮演的角色主要有几个:

(1)一个榜样

对孩子来说,他的第一个榜样是父母。所以为人父母,你的第一角色就是"你是孩子的榜样",孩子所有的东西都是跟你学的,你在孩子身上会看到自己的影子。对领导者来说,你的首要角色是成为下属的榜样,让他们从你的身上能看到他们的未来。身教重于言传,你今天所有的行为都会成为下属的模仿对象,所以领导者要有强烈的"因果观念"——你今天对付上级的一些不正当的做法或者耍的小聪明,今后会被你的下属用在你身上。

什么人带什么兵。所以领导者永远要身先士卒,永远是所有人的行为标杆,下属永远可以从领导者身上得到力量。很多事情不光要让下属做到,领

导者自己先要做到,这就是力量。我们从员工的表现上其实也能看出他们的上级的管理特点,甚至他的个人风格。尤其是一些个性色彩比较浓厚的领导者,他们所带的队伍往往也是特点非常鲜明的。

(2)一座桥梁

一个组织其实是目标的集合体,也就是一群人为了一个共同的目标,聚集在一起协作,这就叫做组织。每一个组织,都围绕一个最核心的目标而存在。军队的目标是打胜仗,所以他们就围绕这个目标走;宗教的目标是传播信仰;企业的目标是赚钱、盈利。组织管理的第一步就是从设定目标开始的,因为你们要有一个共同的目标,才能成为一个组织。当然,企业有目标,那么员工有没有个人目标呢?也有,员工也有自己的目标。企业的起点是人,终点是企业的目标。所以在员工与企业的目标之间,它需要有一个沟通的管道或者桥梁。对一个领导者来说,你就是员工个人与组织目标之间的一个桥梁。

在一个组织当中,因为一个领导者所承担的不只是上下级之间的协调问题,还有一个左右之间的协调问题。一个领导者应该很清楚一件事情:你向谁汇报、向谁请示?你指挥谁、指导谁?你也要很明了:你跟谁协调、跟谁沟通?这些都应该了解清楚。这就是管道或桥梁的作用。

(3)一个教练

你就是员工的一面镜子,你要能够给下属指导,指引他成长的方向,你要告诉他如何去发展。当他做了错事的时候,你要指导他、纠正他,并且教给他正确的方法,让他能从你这里学习技能,传承经验,增长见识,获得反馈,不断进步,取得成绩。

然后,领导者还有三项任务:

第一,发挥员工的优势。怎么样把每一个员工的优势发挥出来?这是领导者要注意研究的。否则的话,即使一个员工很厉害,就像一台法拉利跑车到你手上,结果每天却只能以20千米/小时的速度行驶,没有把它的能量发挥出来,这就是一种资源的浪费,而且员工也会因为没有成就感而离开你。

第二,保持团队的状态。不但领导者自己要保持最佳状态,还要让整个组织保持最佳状态。不管这个团队的技能基础如何,背景出身如何,如果不能保持一种积极、乐观、团结的状态,是很难在工作中取得好结果的。

第三,达成组织的目标。你的任务就是帮助你的上级达成目标,因为他代表了组织的目标;同时也要帮助你的下属达成目标。管理工作的实质是什么?就是通过成就别人来成就自己,通过帮助别人达成目标来达成自己的目标。你在中间起到的就是这样一个沟通桥梁和协调的作用。

最后,时刻记得自己身为领导者的"角色"。只要是公司的事情,事无巨细,你都有一份责任。即使是完全在职责之外,态度和蔼地给予员工一些指引,也能表现出你的成熟大度和礼节。

10.学会明确地把"角色"和"自我"分清楚

如果你的处于青春期的儿子在你面前重重关上门, 他只是在处理伴随成长而来的有关分离的问题。与其说他是在对你生气,不如说他是在对你作为父或母的角色的生气。如果你理解为这是针对你个人的行为,并做出激烈的反应,而不是给你儿子所需要的帮助,那就错了。

同样,领导者也需要明白,下属对他行为的反应,是针对他扮演的角色和代表的观点,而不是针对他本人。

以1962年古巴导弹危机中的肯尼迪总统为例。一开始,肯尼迪总统认为苏联在古巴部署导弹是针对他个人,是赫鲁晓夫对他个人的背信弃义,因为之前赫鲁晓夫再三向他保证过不会发生这样的事。在愤怒之下,肯尼迪总统想要立即空袭古巴。但是很快,肯尼迪总统就区分了"角色"与"自我";而且,

他还区分了赫鲁晓夫的"角色"与"自我",知道赫鲁晓夫的一些言行是出于"角色"的需要。肯尼迪总统做出的判断是,赫鲁晓夫的"角色"表现得很强硬,但是其"自我"是愿意谈判的。最后,双方达成交易,解决了危机。

要想成为一名优秀的领导者,要学会使用以下六条建议,随时学会明确地把"角色"和"自我"分清楚。

建议一:走上"看台"

著名篮球运动员——"魔术师"约翰逊认为,他领导着自己的球队的伟大之处,部分在于他既能尽力打球,又能留意到整个的比赛情形,就像同时站在看台上一样。

领导者既要行动,又要反思。领导者需要经常抽身而出,反思自己的行动,全面观察局势。

一名优秀的领导者,往往有在行动的同时"抽身而出"的能力,他并不一定需要在某个专门的时间躲进一个房间里。我曾经采访过的一个CEO,他说他自己经常反思。我问:"你一般什么时候反思?"我当时期待的答案是类似于每周一次这样的答案。他说:"我刚才就在反思,想自己对刚才那个问题是否有更好的回答。"

建议二:把冲突外部化

通常,领导者不管做什么,都会有人批评。这时,区分角色与自我,能够拯救领导者于水火之中。做出这一区分之后,领导者才能得以将冲突外部化,把别人之间的冲突"还"给别人,自己得以专注于真正需要解决的问题。

美国民权运动领袖马丁·路德·金就将民权冲突外部化了。马丁·路德·金再三强调,这不是美国白人和他之间的冲突,也不是美国白人和美国黑人之间的冲突,而是美国价值观和美国现实之间的冲突,使公众的注意力保持在了正确的方向。

把冲突内部化会带来严重的问题,它会导致错误的诊断,会导致把问题看作个人的问题,并做出个人化的反应,而且,它还会导致"工作逃避",转移

人们的注意力,人们会认为这只是领导者个人的责任。

建议三:使用伙伴

领导者需要伙伴的帮助,来帮助领导者分清角色与自我,帮助压力之中的领导者"走上看台"。伙伴有两种:知己与盟友。在知己面前,你可以流泪,可以抱怨。知己往往是朋友、配偶、爱人,或者亲密的同事,他们帮助你爬上"看台",认清局势。肯尼迪总统的弟弟罗伯特·肯尼迪就是他的知己。

盟友可以存在组织之外,或者组织内的高层,或者组织内的低层。组织之外的盟友没有直接的权威关系。非权威人士如果要行使领导权力,从有权威的高层之中寻找盟友就非常重要。权威人士要从组织低层寻找盟友,这和领导者原则的第五条"保护来自非权威的领导者的声音"是一致的。权威的任务之一是维护平衡,因此本能地会想要让那些提出挑战性问题的人闭嘴。海菲兹的建议是:要保护那些你很想让他闭嘴的人!

建议四:倾听,把自己作为数据

走上看台,不仅是为了观察他人,也是为了观察自己,观察自己的倾听方式。人们自省的方式各不相同,但是有两个通用的原则:

一、我们通过反省我们和他人的日常行为、成功以及失败来学习,尤其是那些反复让我们陷入困境的行为,以及那些出乎意料的行为。我们可以问自己:"在这种情形下,什么驱使我做出了那样不合适的举动?""那样的行为从何而来?"

二、使用伙伴,以避免自己骗自己。他们可以是正式的伙伴,包括雇来的顾问、教练、心理治疗师,不过更多的时候是非正式的伙伴,是可以坦诚交谈、帮助我们反省的人。

建议五:找一个"避难所"

在行使领导者的权力时,人们如果身处有多个乐队在同时演奏的一个舞池之中,可能被音乐所淹没。而人们需要倾听自己内心的声音,需要一个"避难所"。人们需要事先规划,安排好时间来恢复判断力。"避难所"可以是伙伴,可以是一次跑步,一次安静的散步,或者是一次祈祷。

建议六：保持一种目的感

领导者这种活动,通常既激情洋溢,又劳心费力,要求领导者有明确的目的感。目的感和清晰定义的目的不是一回事。在任何情境之中,目的感是通过问以下简单的问题来帮助我们定义的:现在的机会是什么？我们的目的应该是什么？清晰定义的目的能帮助我们弄清前进的方向,但是目的感比任何清晰定义的目的都要更加珍贵,它使我们能够不时地抽身而出,有时带着怀疑,有时带着喜悦,反省深植于任何特定使命之中的价值观。

第九课

魅力修炼

——良好的形象是领导力的"仪表盘"

为什么北大走出来的人普遍受到大家的认可与追随呢？因为人们认同与尊敬的必然是那些富有人格魅力、颇具影响的人。所以，在任何一个时代，个人魅力都是一个领导者所必须拥有的特质。

1.任何时候你都要把自己装扮成个成功者

有时候,我们必须迎合大众的需求和审美观。只有得到了大众的认可,才可能获得成功。

塑造一个精神、美好的形象,并不仅仅为了取悦别人的眼光,更重要的是让自己有一份好的心情,有一个好的生活状态。好的形象让人更愿意接近你,当获得别人认可和欣赏的时候,你的生活也增添了更多的乐趣;好的形象让你对自己更加满意,让你对生活充满了热情。

一个人的形象包括他的穿衣打扮,这是外在形象。此外,更重要的是内在的气质和涵养。给人留下好的印象,是你成功的前提。

有些成功者,你一眼就能看出他的与众不同来。"他看起来就像个企业家!""他看起来就很有魄力!""他看起来就很棒!"在这些成功人士身上,处处显露着他们自身的魅力和气质。

一个人形象的好坏,在他成功的道路上虽然不能起到一锤定音的关键作用,但是却能决定他在他人心中受欢迎的程度。好的形象能令他人对你留下好的印象,同时建立起你在众人心中的信心,给你争取到更多的成功机会。

某公司的总经理助理突然辞职了,为了尽快找到合适的人选,人事部决定不对外招聘新人员,而是在行政部几位年轻的女孩中选一位。

总经理助理,这个职位虽然头衔不算高,但却非常重要。这个职位能够全面锻炼一个人的工作能力,更重要的是在这个职位上可以学到很多东西,认识一些重要的客户,积累一定的人脉资源,也能为将来升为公司的部门经理奠定基础。因此,行政部的几个女孩都跃跃欲试。

最终，通过考核和评估，总经理助理的人选定在小曼、小茜和小蕾三个女孩身上。为了公平起见，人事部决定民主选举，让大家投票。

投票的结果，八个人中有六个人都投了小茜的票。同事们都说小茜，"一看就很职业！""一看就像个做事的人！"

尽管这三个女孩几乎同时进公司，年龄也差不多大，能力也相当，但小茜显然要比另两个女孩成熟多了。她每天上班都穿着一身职业装，长长的头发用水晶发夹盘了起来，脸上画着淡妆，工作的时候不苟言笑，一副干练高效的样子。

小曼是同事眼中的"开心果"，她喜欢穿娃娃衣，是个十足的"孩童化的成年人"。她乐观开朗，心里藏不住事情，喜欢用笑话逗乐同事，连她的电脑屏幕都是蜡笔小新的图像。而小蕾则是个十足的熟女，她的举手投足间都显露出一种优雅和温顺，她常常一袭长裙，黑发披肩，看她一眼就知道她是个"乖乖女"。

有时候，"看起来就像个……"会让你更加接近那种人，或者让你自然而然地觉得自己就是那种人。在你追求能力、寻找机会的时候，不要忽略了自己的形象价值。

选举的时候，别人会因为你"看起来像个领导"，而考虑投你一票；领导提拔人才的时候，会因为你"看起来像个可塑之才"，而考虑提拔你；跟客户谈判的时候，对方会因为你"看起来像个可靠的人"，而考虑跟你合作。因此，任何时候你都要把自己装扮成个成功者，让自己早点进入成功的状态，不要对此不屑一顾。

穿着适当是最能引人注目的仪表形象，也是最利于你树立形象的一个方面。根据你的行业和所在国家、地区，在穿着式样上应当有适当的选择。

衣着问题属于自我推销的一部分，这方面通常存在非常多的需求，但却不必规定某个人必须穿什么衣服。每个人都必须知道，他所处等级层次和职业环境中的人通常应该怎样穿着。如果对服装的鉴赏力较差，建议去听取一位善于着装者的劝告，协调整理一下衣橱。每个人都要知道，在第一次与人

会面时,大部分人都是通过衣着在别人那儿得到评价的。

服饰有多种风格,作为一位领袖应该知道的着装准则是:着装应当设定在特定的风格中,是长期西装革履,还是休闲装。另外,服饰的基本色调也很重要,一般情况下,中性色肯定没有错。作为一个领袖,必须为自己的形象进行必要的投资,也就是准备几套高档的服装——耐穿、好看、搭配方便,没有明显的流行特征。在服饰上的投资,应当是收益之后的第一项投资项目。

但是最重要的还是个人气质应当与外在的形象一致。如果忽略了个人的气质,那就与"沐猴而冠"差不多,只会给大家提供笑料。这方面没有什么具体的建议,一个通用的原则要牢记:如果您仪表堂堂,是天生的衣服架子,则穿什么都无所谓;如果你身体条件一般,建议您准备几套名牌服装,一方面名牌服装用料讲究,做工精细,谁都能看得出好,另一方面,可以增加你的自信心。

个人形象设计一定要注意细节。市场上高级产品的营销,实际上就是细节的营销。同样材料的服装,高级产品特别重视细节;"大路货"则忽视细节。个人形象设计所必须重视的细节包括各种小的服饰,如袜子;小的饰品,如戒指等。

2.树立你的追随者需要的形象

要想成为领袖,就要塑造鲜明的形象。斯大林的气魄、克林顿的神采,这些都属于内在的气质;林肯诚实的脸,艾森豪威尔宽厚的笑容,这些属于形态方面的东西;甚至某种商标式的用品也令人难忘,如卡斯特罗的烟斗,肯

尼迪的摇椅,等等。

在2004年的美国大选中,无奈地目睹了共和党总统候选人布什4年之后再次胜出,民主党人自然而然地陷入了痛苦的自我反省。民主党人认识到自己之所以失败,是因为己方候选人克里没有前民主党总统克林顿身上的那种领袖魅力,因此必须尽快寻找出"克林顿式"的人物,以便4年之后再与共和党较量。

有专家认为,克里失利的重要原因在于他缺少个人风格,并说:"约翰·克里根本不像比尔·克林顿,他身上的亲和力太少,人们不太喜欢他。一位具有个人亲和力的温和的民主党候选人肯定能轻松战胜布什。"此外,"他过于自由主义,在堕胎、同性恋权利和枪支管理等关键的社会和文化问题上站在美国主流观点的左边。"

你的形象给人留下的印象最深刻,因而对人们的影响力也最直接。历史上,我们知道,许多政治家为了得到民众的支持,以达到自己的政治目的,做的第一件事便是了解民众的意愿,把握民众的心理,顺应民意,树立一个会被大众认同并信任的领袖形象。

俄国的"风流女皇"叶卡特琳娜二世是因为政治原因,而远从德国嫁到俄国,并非俄国人。为了能改变自己的境遇,能够在政治上崭露头角,叶卡特琳娜初到俄国,便清楚地意识到当务之急是要做一个地道的俄国人,以被当时的贵族及民众接受。于是,她拼命地学俄语,并毅然决定放弃自己原有的宗教信仰,由信奉耶稣教改为信奉俄罗斯东正教。她的行为,不但赢得了贵族与王公大臣的认可,在俄国民众面前树立起了良好的形象,更为重要的是,她得到了最高当权者伊丽莎白女皇的赏识及喜爱,不久就顺利地成为了俄国的大公夫人。这为她日后摘取皇后的桂冠,坐上沙皇宝座奠定了坚实的基础。

美国总统罗斯福年轻时,常常是一身花花公子打扮,给人以玩世不恭的富家子弟形象。而在1910年,罗斯福为了竞选州参议员,一改往日的装束,以

朴素、勤劳的形象出现在了乡村选民面前。为了获得更多选民的支持,他还驾着一辆既无顶篷又无玻璃的汽车,在丘陵、田野和泥泞的小道上奔波不止,经常弄得一身雨水或者满身灰尘。有一次,车子在半路坏了,他就步行约2000英里,走遍了各个村庄、店铺,走访了每一户居民。罗斯福的形象终于感动了村民,他在竞选中也因此而大获全胜。

自信的神态、文雅的举止与合体的谈吐会让你看起来颇具风度,也更显魅力。

自信的神态会表现出威严与干练,让追随者可以在领袖身上找到他们达到目标与理想的希望。只有作为引航者的化身,才能更显出领袖独特的个人魅力。

因此,北大要求每个学生都要做到自信,要对自己有充分的信心。而神态上的自信则是每一位领袖对自己的事业与成功的信心的外在表现,它能赢得追随者的信任及他人支持。

文雅得体的行为举止表现的是一个人的沉稳与修养。领袖所具有的文雅举止向外人传达的信息是他的深沉与稳重,赢得的是人们的敬重与信赖。

北大在培养学生的个人魅力的教育中,最重要的一环是让学生学会注意生活中的细节。生活中的细节往往会影响你在他人心中的形象。

克林顿身上总会洋溢着一种吸引力与亲切感,使得不管是男人还是女人都喜欢围绕在他周围,倾听他的话语,与他亲切地拥抱——没有哪个人比这位总统所拥抱的人再多了。而克林顿的握手方式也与众不同,他总是右手握着你的手,左手又拍拍你的肩膀,使人感觉到既温暖又亲切。而正是这样的小细节,使得克林顿的谈话总是充满了诱惑力。只要有第一次接触,克林顿就会像施了魔法一般,使人们喜欢上他。

肯尼迪在其就职典礼的仪式中,注意到海岸警卫队士官生中没有一个黑人,便当场派人调查;在他就任总统不久,竟能胸有成竹地回答关于美国

从古巴进口1200万美元糖的问题，此举令众人折服；他能注意到白宫返青的草坪上长出了蟋蟀草，便亲自告诉园丁把它除掉……这些很小的细节都让人们对肯尼迪印象深刻。

总统罗斯福不但战胜了半瘫，他的惊人的记忆力也让其他人望尘莫及。第二次世界大战中，有一条船在苏格兰附近突然沉没，原因却一直无法确定，不知是触礁了还是遭到了鱼雷。罗斯福认为更有可能是触礁。为了支持这种立论，他滔滔不绝地背诵出当地海岸涨潮的具体高度以及礁石在水下的确切深度和位置。这使得许多人佩服不已。罗斯福还常常让人在一张只有符号标记而没有文字的美国地图上随意划一条线，他都能够按顺序说出这条线上有哪几个县。

所有这些并不只是说他们细心，有过人之处，其意义在于让人们看到，作为总统，如果他连全国每个县的县名和地理位置，乃至返青草坪上的蟋蟀草都注意到了，还会有什么东西落在其视野之外呢？民众对能够关注这些细节的总统感到放心满意，会产生信赖感，并由此相信这位领袖的目光能够关注到每一个人的欢乐与痛苦。

注重细节并进行简明的指引，也能产生魅力。而且，领袖能够激发民众的能量和渴求，并且用最简洁的语言表达出来。邱吉尔让人民相信1940年惨败后的英国还没有输掉战争，只是需要"热血、劳苦、热泪和汗水"；罗斯福要带领美国人走出30年代的大萧条，"我们唯一畏惧的是畏惧本身"；列宁则为被战争弄得精疲力竭的俄国带来许诺：和平、土地和面包——多么简洁，多么神奇，多么有力！

3.好品位让你成为受欢迎的人

一个人的长相是天生的，没办法更改；而一个人的品位则是后天培养的,它涵盖了一个人相貌之外的更多东西,是一个人综合素质的体现。

品位高的人,他的生活优雅、精致、有情趣、有格调、有追求、有意义;品位低的人,他的生活随意、敷衍,粗鲁、低俗,对生活往往也没有多高的要求,得过且过。

要想成为一个有品位、有涵养的人,你就得真正地充实自己,让自己全方位地成长起来,成为受人欢迎的魅力四射的人。

要想外表有品位,很容易做到,只需要稍加用心就可以了;而要想提高修养,那就得下一番工夫了,应该抽出大量的业余时间去充实自己。如果你不断地去充实自己的内心,人们就会发现一个一天更比一天睿智,一天更比一天洒脱,一天更比一天高雅的你。那么,你的魅力也就不由自主地会展现出来,你必定将成为受人欢迎的人。

要提高自己的品位,首先需要增长见识,特别是文化方面的修养。不要把自己局限在个人的小圈子里,两耳不闻天下事。

有空可以多泡泡图书馆,听听音乐会,参观一下知名书画展、艺术品展览,多参与一些文化人组织的活动等。虽然这些活动你未必都感兴趣,但多参加这一类的活动,就能帮助你从优秀作品中汲取营养,开阔视野,丰富知识,陶冶情操,从而提高你的文化底蕴和文化修养,让你在不知不觉中受到文化洗礼,进而谈吐有内涵。当人们再次与你相遇时,总会发现一些他们以前所未发现的东西,并且感受到你知识的渊博。

读书,不只是读的问题,更重要的是丰富自己,增长知识,提高品位,自

我沉淀。有一句西方谚语："你读什么书,就会成什么人。"从一个人对书籍的态度,就可以看出他的性格、思想以及生活态度等。

每天抽出点时间坐下来,品品香茶,读读好书,这样会在不知不觉中提高你的文化品位。读一本好书就是与一个高尚的人交谈;反之,读一本坏书就是跟一个思想下流的人打交道,长期受他的影响,那就会"近墨者黑"。一定要读好书,读水准较高的书,而不要在一些低级书刊中寻找刺激,荒费时间,这对提高你的人格魅力和文化品位是毫无帮助的。

4.内在魅力的自我修炼

北大要求每一位学生都要切记以下这些原则:言行永远积极、相信自己的信念、以身作则、设立宏观目标及保持对人的热爱。

北大教育:"要成为领袖,除了要在外表上包装自己,还要注重魅力的修炼,培养出自律、宽容、诚信等良好的品行。作为领袖,自我修炼虽是最难做到的,但也是必须要花大量心思去做的。"

自律

自律就是依据个人已经形成的道德理想进行自我约束。自律就是要克制自我的劣根性。不能自律的人迟早是要失败的。不懂得自律的人,即使能够成功,也会昙花一现。北大最基本的领袖教育方式,就是通过北大精神与领袖训练课程,不断地让学生学会如何约束自己,从开始的被迫遵守规则,到最后使自我约束的意识成为一种习惯。

北大认为,一个缺乏自我约束的人是无法成为领袖的。

在人类的历史上,道德从来就是规范人的行为、调整人们相互关系的巨

大力量。这种规范、调整作用就是通过人的自律来实现的。自律是相对于纪律、法律等的外在约束而言的。同样面对抢劫的歹徒,有人会挺身而出,伸张正义,有人却站在旁边,麻木不仁;同样面对行贿者的金钱,有人可以婉言谢绝,有人则伸手笑纳……自律是通过社会的道德教化和个人的道德修养双重过程形成的。自律成了有道德的人和没有道德的人的分水岭。一个自律能力差的领袖是一个失败的领袖。由于领袖所处的特殊位置,意味着你要比普通人面临更多的诱惑。而怎样把持自我,就成为衡量领袖个人魅力的最终标尺。试想一个简单的问题,一个自律能力差的人,怎么会管理好一个群体组织,成为人们的精神领袖呢?

胸襟

胸襟是"用尽天下之才,天下之利"的气度,是对异己的包容,对陌生的包容,对不如己者的包容。只有这样,才会形成一种从广处看人生的态度,让生命的境界变得广阔无疆,从而把事业做大。领袖的胸襟应该像大海一样宽广。所以在北大精神中,重要的一条就是:无论遇到多大的挫折和困难,都要处变不惊,泰然处之。

领袖不同于普通人的地方就是他是追随者的希望与期待。领袖要和很多人打交道,不仅和本组织内部的人打交道,还要和与组织有往来的其他团体或个人打交道,而在与人沟通的时候,胸襟宽广的人会表现出独特的气质。

美国的杰拉德·福特总统就职时,正值总统名声被尼克松弄得污秽不堪时。为了挡住记者们的唇枪舌剑,福特总统不惜自我嘲讽,借以保持良好的形象。记者们声称:"他(指福特总统)的大脑曾经在打球时受伤,变得愚钝。"福特并没有恼羞成怒,而是召开了记者招待会,再以戴上旧时球帽的做法含蓄地进行回击。福特的精明之处在于,在报界攻击他的臀部大时,已极尽可能地嘲笑了自己;在别人攻击他无能平庸时,早早承认了自己的平庸和无能。别人再杜撰他的笑话,当然只能是自讨没趣。这样的做法,不仅使得福特的总统形象毫发无损,还给人们留下了一个有修养、胸

襟宽广的印象。

最深奥有效的领导艺术是不必去强求别人怎么做，别人就会主动为你考虑，尽心尽力为你做到最好。而要达到这样一种境界，最不能缺少的就是宽广的胸襟。

你的追随者可能是一个精英分子，也可能是一个平庸之辈。由于每个人的个体差异不同，能力的良莠不齐也就在所难免。在处理这些问题上，如果没有一定的胸襟，你将会面临巨大的危机。最理想的方式就是既解决了部属的问题，还能够让部属高高兴兴地工作。这说起来简单，真正能做到的寥寥无几。可是作为领袖，你必须做到，甚至于要把这视之为自己追求的最高境界。

北大有今天，与"海纳百川"的原则是分不开的。

热情

在北大，人们总是能够保持一颗热情的心。

有的时候，我们仿佛习惯了漠然和回避，不愿做出热情的举动，引起他人的注意，却完全没有想到，身边的人们是多么希望热情之光的照耀。在部门每周的例会上，领导说完了话之后，同事们都习惯性地低下了头，很少有人说一些自己的想法和建议；在某些会议场合，我们习惯了坐在后排，任凭前面几排的座位空着，也要到角落里自己搬凳子坐；我们懒得在打开办公室的门之后，对已经就座的同事们充满热情地问好……是的，我们对谁都没有恶意，却常常成为"冷场"的罪魁祸首，而且这种冷场又是任何一个组织的领导者所不愿意看到的。

而在大多数人都停留在"没有恶意"的状态中时，那些充满热情的人早就占据了人脉场上的先机。因为热情意味着与人为善、友爱、关心、尊重、友谊……更重要的是，热情的行动让每个人心中都存在的因子表达出来，成为人们可看可感的亲切。这些，都是赢得人们好感的因素。同时，总能保持热情的人拥有一种积极向上的生命力量，这种气质像一块磁铁，把伯乐、朋友、贵人、福气带到你的身边。

传说在第二次世界大战的时候，有一位犹太人和一个性格古怪的人住得很近。这个犹太人天生热情，每当遇到那个古怪的人都亲热地打招呼，而对方却总是面无表情。犹太人却并不介意，仍然每天重复同样的行为，直到有一天，怪人的脸上突然有微小的变化，那是非常勉强地一笑。

后来，这个犹太人在战争中受到了迫害，被关进了集中营。当他们有一天被带到外面的时候，谁也没有想到，那是决定他们生死存亡的一刻，他们被迫排成长队，顺次走到一位军官的面前，那位军官只说两个字：左或右，但这两个字却极其沉重，因为"左"意味着生还，"右"意味着死亡。

每个人都恐惧到了极点，空气仿佛停止了流动，这个犹太人也不知等待他的会是什么样的命运。然而当他走到军官面前的时候，却惊讶地发现，原来这位军官就是他每天打招呼的怪人。他走上前去，和每天一样，和军官打了声招呼："您好。"军官看了看他，犹豫了一下，仍然没有任何表情，说："左。"这个犹太人得救了。

对人普遍的、持之以恒的热情，并不一定能得到他人及时的回应，因为人的性格不同。但是你的问候，你的微笑会潜入他的心里，对他的思想、他的态度，产生无形的影响。这个犹太人就是凭借自己对他人的热情，在关键时刻为自己赢得了生的希望。看来，一些人心里所担忧的"我对别人热情，对方却还是无所回应，那太没面子了"，有这一类似的想法，真是幼稚。就像"礼多人不怪"一样，真诚的热情带来的效应永远不可能是负面的。

一个真正成功的人，往往都有独特的关心他人的方法。当你平时的关心、鼓励日渐汇聚在他人身上时，对对方而言，他的内心会对你产生感谢、感激或者感恩之情，以后会试图采取各种办法回报你，如果碰上一个能够回报你的机会，往往会毫不犹豫地行动起来。

孟子曰："爱人者，人恒爱之；敬人者，人恒敬之。"由此可见，如果你能够经常对别人表示出关心和爱护，那么别人对你也会有同样的举动。所以在生活中，无论你是否有求于对方，都应该对别人多一点关心，这样别人也会回报你更多的关心，如此一来，你做事情就会多一些助力、少一点麻烦。当世上

没有阻碍你前进的绊脚石时,你想要达成的目标还会远吗?

对此,著名心理学家阿德勒曾这样说过:"对别人漠不关心的人,他的一生困难最多,对别人的损害也最大。所有人类的失败,都是由这些人造成的。"一个真正成功的人,是绝对懂得怎样关心他人的。

5.形象受损时的危机公关

树立一个良好的形象,绝非一件易事;而要毁掉一个形象,却可以不费吹灰之力。当形象处于受损的情况下,领袖更要具有危机处理能力。毁掉他人名声、信誉的行家常常是那些让人又爱又恨的传播媒体。分析总统竞选的专家西奥多·怀特曾笑谈道:"世袭的新闻大王们可以使一些人青云直上,而在很多情况下,更可以使他们身败名裂。"

作为一个组织或团体的领袖、灵魂人物,与新闻媒体之间的交往与沟通是不可避免的。在与之周旋和互利的过程中,必须要尽心应付,小心周旋。稍有不慎,就会使得自己或是组织的形象受损,产生一些负面的影响。即使在新闻记者空穴来风、无事生非时,也不能撕破脸皮。

在美国,最会惹是生非的是那些记者,最大的受害者是一些政治领袖;而最能容忍、不与之计较的却是这些政治领袖。在美国历史上,还很少有总统与记者对簿公堂,尽管被传媒界的记者正当或不当的做法败坏形象、殃及家小的总统大有人在,但他们之所以能这样忍气吞声,目的不外乎一个:保护形象。如果总统起诉报界,很难胜诉不说,反而会惹出一身麻烦,既有损自己在公众心中的形象,又损害了个人的名誉,成为新闻炒作的对象。

美国总统布什就很善于利用媒体来营造较好的个人形象,并在其幕僚

的协助下,把总统职位改造成了一个礼仪性、象征性而又极具威力的职务。他不仅关注总统的形象,也关注总统业绩的积极展示。尽管布什的内阁成员(如切尼、拉姆斯菲尔德等)经常成为媒体炮轰的对象,但布什却始终置身于与媒体的冲突之外,看上去就像一个慈父。在耶鲁的学习经历中,布什继续了他在组织方面的优异表现,虽然学习成绩平平,但在社交和领导才能的提高方面却是硕果累累。

布什还有针对性地展开自我包装工作。在"九·一一"之后,他在硝烟未尽时跑去纽约现场凭吊死难者并安慰受害者家属;为了避免"文明的冲突",他特意走访了华盛顿的伊斯兰中心,表示"无论从哪个方面,我们都没有把这看成是一场宗教战争……伊斯兰人民崇尚和平,穆斯林信仰是和平的信仰……"为了帮助共和党扩大在国会和州政府的优势,他"飞翔"于全国各地,为共和党的候选人助威、拉票,俨然共和党"教父"的姿态;为了不厚此薄彼,他不仅经常请主流媒体的记者来白宫做客,还于2003年10月13日特别接受了5家地方媒体的专访,使这些平时难有机会报道白宫事务的地方媒体受宠若惊……

不仅布什在积极地"表演"着,他手下的人也都热情地与媒体周旋着。像布什一样,国防部长唐纳德·拉姆斯菲尔德和美国负责伊拉克战后重建事务的最高文职行政长官保罗·布雷默都与地方媒体有过亲密接触;国务卿鲍威尔是"春天"派,扮演着较温和的"鸽派"角色,在"鹰派"过激时做出些纠偏式的举动,让舆论保持一种微妙的平衡……

就这样,布什不仅得到了美国公众的大力支持,还赢得了媒体的好感和敬畏,白宫官方网站还通过不定期的"向白宫提问"的公开聊天节目拉近普通民众与国家领导人的心理距离;所以,即使布什说了错话,做了傻事,报道出来的结果也显得十分亲切,就像他吃饼干噎了之后,媒体很快便把他母亲的忠告搬了出来,人情味十足。

在白宫上下的努力下,布什的任职表现使人们相信,在他的任期内,美国有能力面对一切危机,经济会慢慢好起来,全世界自由民主的进程也会因

215

此而加速。事实上，总统及其幕僚们每一天都在煞费苦心地制造有利新闻，消除负面新闻，以通过新闻媒体的宣传确立他们满意的形象。

错误总是在所难免的，身为领袖，不仅要承认自己的过失，更要有超出常人的勇气与承受能力。坦然地承认自己的失败，有时会让追随者更认同你，也会提升你的形象与魅力。

当错误出现，危机发生，领导者最重要的就是要尊重自己的追随者，及时承认自己的错误。越想方设法为自己辩解，越无限期拖延，企业受到的伤害会越大，结果只会更糟。

而对勇于认错的企业来说，危机甚至会转化为机遇。

只有真诚沟通，才能换取信任。认错是一种态度，一种责任，也是企业危机初露时必不可少的姿态。虚心认错，积极改正，消费者才会宽容以待；逃避责任，不敢认错，企业最终会翻船。

6.领导者千万不能说的话

工作当中，很多时候都是说者无心，听者有意。有一些话领导者是千万说不得的，因为对下属说一句这样的话语，很容易将自己的形象彻底颠覆；对同事说一句这样的话语，会激发矛盾，产生误解；对上司说一句这样的话语，可能意味着你该调整岗位了。

"不关我事"

身为管理者，只要是公司的事情，事无巨细，你都有一份责任。即使是完全在职责之外，态度和蔼地给予一些指引，也能表现出你的成熟大度和礼节。

"为什么你们……"

在责问别人时,想一想自己有没有什么过失,尽了多少力、多少心等。有时,宽容地对待别人的错误,会使人更加振作,更加进步。用一连串的"为什么"去发难于人,得到的也可能是一连串有关"为什么"的答案。反过来问:"为什么我没有配合好你们?你们有什么地方需要我?"也许事情会解决得更快一些。

"上面怎样骂我,我就怎样骂你们"

作为领导者,你起的是一个"上传下达"的桥梁作用,但绝不是一个简单的传递工具。对上,要忠诚尽责,完成任务;对下,要想方设法,给予激励,并帮助支持。你要敢于承受来自上面的压力,担负起责任;要敢于缓和下级的紧张,创造和谐的工作环境,这才是一个领导者最应该做的事情。

"我也没办法"

领导者的能力,从某种方面来说,是用你解决问题的能力来衡量的。只会强调客观原因,不会用积极的心态去调动一切可用的资源,显露出来的肯定是无可奈何和对上级以及下属的打击。要相信办法总是比困难多,相信集体的智慧是可以攻克一切堡垒的。

"我说不行就不行"

以自我为中心的话语,与事实没有合理性的解释,很难服人的。凡事不能以事实为依据,不能本着商讨的态度来解决,可能会使事态更进一步的恶化。其实即使是错的意见,听听也无妨,应该是本着"有则改之,无则加勉"的心态来对待自己和别人。片面地做出判断,有时就是一种武断。不能说不行就不行,一定要有科学的分析和依据,这样才能降低判断结果错误的风险,保证判断的正确性。

"你说怎样就怎样"

听起来像是气话,又像是不负责任的话。在产生一些争议时,当一些意见没有被采纳时,如果这样的话脱口而出,听者会认为,你的见解毫无是处,本来还有可接受的地方,会全盘否认你的意见,而且从此将可能不再向你征

询看法和想法了。保持冷静的头脑和清晰的思维，说出所有的思想提供给人参考，并不因自己的意见没有被使用而太过激动，这是一个领导者应有的良好品质和性格。

"我随时可以怎样"

强权气势的话语，让人听到了就有一种很不舒服的感觉。换句话来说，你以为你是谁？难道你想怎样就怎样？你到底有多大的能耐？以势压人，只会贬损个人的形象，在大家心中埋下抱怨的种子。这种抱怨，一旦爆发，其弹力之大，是无可想象的。所以，保持平易近人，多尊重他人，是自己尊严的体现。

"你真的很笨"

奚落、讽刺、挖苦员工的话语，是在伤害员工的自尊及感情。"哀莫大于心死"，表面上员工是在听你的，按你说的去做，但实际上员工只是在敷衍了事，因为他根本体会不到工作的乐趣，工作质量肯定不高。同时，因为奚落、讽刺、挖苦更多的是伤害到了员工的心灵，长此以往，员工的自尊被摧毁，自信被打击，智慧被扼杀，工作可能干得更不好，最后只能抱着"死猪不怕开水烫"的态度对待自己的工作。如果企业内部形成了这样的工作氛围，对员工、领导者、企业都是不利的。

"不行啦，我能力有限，谁行谁来做"

如果是真正认识到自己的能力有限，能够迎头赶上，自我充电，或许可说是一种有自知之明而且有上进心的表现，也算是一大幸事；但如果是用这句话来抵触工作，来嘲笑挖苦他人，来掩饰自己内心的慌张，全无挑战工作的意识，则可以说，说这句话的领导者无形中已丧失了一个管理人最基本的素养，他已不配再做领导者了。

"都很好"、"蛮不错"

泛泛地表扬，既缺乏诚意，又不能振奋整体、激励个体。因为人皆不喜欢廉价的、言不由衷的恭维，因此表扬的言语策略应该是及时的、有代表性的、有充实具体内容的东西，能够体现出被表扬者风貌的语言。不实的表扬表现

在用夸大的言辞去称赞不足为奇的小事,有用心炮制的嫌疑。该类表扬的危害在于,只令被表扬者高兴,而令所有其他人反感。极力吹捧的行为,其结果往往导致民心的背离。因此人才管理中,及时且适度的赞美言辞是领导者必须掌握的一门学问。

7.理智比激情更重要,真诚比体面更重要

领导者应该对自己的能力有充分的认识和理解,应清醒地知道自己的长处和不足,明白哪些事情是自己擅长的,哪些事情是自己办不到的。只有充分地自省,才能在各种复杂情况面前做出正确的判断,才能在与同事或下属合作时,得到他人充分的信任。

在发生危机或面临挫折的时候,领导者要能够充分自控,并在理智、冷静的基础上做出审慎的选择。这里所说的自控包括:

第一,在高压的环境中,能够控制自己的反应,并且让自己和自己的团队镇定下来,冷静处理问题。

第二,理解自己的位置和影响力,懂得自己随时都在被他人(上级、下属,其他部门乃至客户)关注。

第三,利用各种机会,通过自己的一言一行影响团队。

除了自省和自控,领导者也应当时刻保持自律,无论在什么时候,都要以身作则,不能有特权阶级的作风。

例如,Google聘请的CEO施密特刚刚加入公司时,Google所有员工都没有自己独立的办公室,但员工们还是觉得有必要给他一个相对安静的办公场所,就为他安排了一个比较小的独立办公室。有一天,一个工程师自己来

到施密特的办公室说:"别人都是共享办公室,我那边太挤了,所以我想坐到你这儿来。"施密特很惊讶,问他:"你有没有问你的老板?"那位员工去问了老板后回来说:"老板也觉得我该坐在这儿。"于是,他们就共享一个办公室,直到公司后来购买了更大的一栋楼。即便是在新的大楼,施密特还特别要求"我的办公室应该尽量小",以避免被误解"特权阶级"的出现。

真诚,是所有卓越的领导者共同的品质。领导者应当学会以诚待人,尊重员工,让员工知道你理解并且感谢员工们的工作。一些领导为了"面子",处处维护自己所谓的"权威",不愿将自己的真实一面暴露给员工。殊不知,这种遮遮掩掩的领导是很难得到员工的真正信任和支持的。

(1)真诚意味着领导者善于从他人的角度出发考虑问题。

例如,领导者应该多给员工回馈,在人前多感谢,在私下有建设性地批评,并多和员工沟通。这并不是说在人前就不可以批评员工。如果是对事,还是应该坦诚地在人前讨论;但如果是对人,那就不要当众伤了员工的自尊。

对领导者来说,体现责任心的最重要一点就是要体谅和重视员工的想法,要让员工们觉得你是一个非常在乎他们的领导。拿我自己来说,我在工作中不会盲目地褒奖下属,不会动不动就给员工一些"非常好"、"不错"、"棒极了"等泛泛的评价,但是我会在员工确实做出了成绩的时候及时并具体地指出他对公司的贡献,并将他的业绩公之于众。这种激励员工的方式能够真正赢得员工的信任和支持,能够对企业的凝聚力产生巨大的影响。

(2)真诚意味着领导者需要对员工充分信任。

不要对员工指手划脚,也不要任意干涉员工的行为方式。既要坦诚地面对自己,也要坦诚面对他人,努力赢得同事或下属的信任。信任是一切合作、沟通的基础。如果一个团队缺乏合作,或者欠缺效率,那么,最重要的原因很可能就是团队成员之间缺乏信任。

有一次,李开复发现自己的团队彼此不够坦诚的时候,就把他们带到了郊区,开了两天的会议。他首先解释了信任和坦诚的重要,然后希望每个人轮流谈谈自己对团队最大的贡献和自己最大的不足,以及自己想从哪些方

面弥补不足。

为了打开僵局,李开复自己先坦率地讲出了自己的贡献与不足,而且暴露了自己自认为最大的缺点,然后再要求团队提出他们的看法和补充。大家看到李开复的真诚,也就开诚布公地做了非常好的讨论。会后,不但大家都愿意敞开心扉,也更愿意信任他人,为团队互信建立起了非常好的基础。

在互相信任的基础上,团队也会遇到一些冲突。传统上,中国人喜欢避免冲突,喜欢息事宁人。但是,一个好的团队必须坦诚地面对各种问题。如果大家都能够对事不对人,那么,公开的辩论会更有效率。只有把所有的信息放到桌面上,一个团队才能够更快、更有效地做出最好的决定。一个领导在带领团队的过程中,应该鼓励每一个人开放地听取并接纳别人的正确意见,鼓励建设性的冲突和辩论,引导团队达到共识。当共识无法达成的时候,则引导团队做一个智慧的选择,而不是为了安抚大家而做简单的折衷。

从本质上说,信任就是相信别人的出发点是好的。在充满信任的环境里,我们不必隐藏真面目,可以敞开自己的心扉,坦然承认自己的缺点和失败,或者声明自己需要帮助。一个领导者需要创立一个充满信任的环境,不但自己要坦诚面对员工,也要鼓励员工坦诚地面对其他人。

(3) 真诚意味着领导者和员工之间可以在平等的环境中直接了当地沟通。

21世纪的发展步伐非常快,如果犯了错还不知道,结果会非常严重。在企业内部沟通的过程中,如果什么事都要打太极,猜测别人的想法,不直接沟通的话,那么,整个公司就会丧失效率,并最终走向失败。

在直接沟通这方面,领导者不但要以身作则,而且必须反复向员工灌输直接沟通的优越性,用实际行动鼓励员工直接了当地表达自己的观点。领导对员工的直接反馈也一样重要。发生问题时,领导者要及时地给予员工以清晰的反馈信息。对自己的员工,领导者应直接说出自己的想法,而不要通过第三者传话。当与下属沟通不顺畅时,应当多改进自己的沟通方式,使用不同的方法,在信任的基础上与下属交流。

8.摒弃等级成见，拆掉思维里的"墙"

如果一个企业没有一定的等级划分，那这个企业是无法运转的。但每个领导者都应该注意，不能让等级制度成为用人方面的包袱。要知道，在用人时，遵循一定的制度是有必要的，但如果太受等级的约束，就会扼杀员工的能动性，窒息他们的创新能力，使整个企业处于沉闷的气氛之中，最终造成企业的人才危机。

迪斯尼公司在用人时，从不看员工的职位级别，只看他们的才能。例如，迪斯尼高层管理人员迈克尔·艾斯纳在参观公司的一个名为"革新"的电脑技术展览时，觉得这个展览毫无想象力和鼓动性，根本不能说是革新。因此，他便停下来问会上的基层工作人员，怎样才能使展览会生动起来。他从员工们的口中得知，有一个叫戈梅斯的工作人员曾谈过许多使展览会有生机的办法。于是，艾斯纳找到那个叫戈梅斯的工作人员。当艾斯纳听完这位普通工作人员的意见后，便立即要他把这些意见写成备忘录，并最终让戈梅斯自己把它们付诸行动。这使得展览会取得了极大的成功。

事后，两名迪斯尼零售店的员工在一次全公司的研讨会上得知了这一故事，他们说："迈克尔·艾斯纳从来没来过我们店里，否则，他肯定也会愿意采用我们的办法。这也正是迪斯尼公司的文化——公司用人会考虑各个阶层的各个人员，无论他们的职位高低。"

只有顶级卓越的企业，才会像迪斯尼公司那样，如饥似渴地接纳真正的人才，而从不去考虑他们的地位、等级。明智的领导者应该认识到，任何限制员工发挥才能的等级成见，都是有百害而无一利的，应该坚决摒弃。因为等级成见，会使企业缺乏纵向交流，压抑员工才能的充分发挥。

　　然而，现在的许多企业却还存在着这样的情况——他们戒守着森严的等级制度，提倡用人必须一步步提升。这使很多真正有能力的人的发展受到限制，也使企业内部存在着太多的界限，阻碍了信息的自由流动，同时也为组织内的决策、思想以及人员的流动设置了障碍。

　　有一家成立于1970年的老食品公司，就曾经因为等级成见，导致用人失策，公司管理混乱，最后毁于一旦。

　　这家公司成立之初，也取得过不少骄人的业绩，这都得益于"用人唯贤"的管理思想。那个时候，下属们有什么意见与想法，都可以直接找经理交流。公司用人也没有固定的等级制度，很可能昨天才进公司的人，因为确有卓越的能力，明天就成了部门主管。

　　但是，随着公司的不断发展壮大，人事方面也就越来越"规范"，形成了一定的模式，越级提升、交流更是为许多主管、经理禁止。他们认为，这样公司便没了"规矩"。他们没有想到的是，这种"规矩"，就是一种等级成见，而这种成见又使公司最终走上了一条不归路——各部门缺乏纵向交流，使"论资排辈"蔚然成风。刚加入公司的青年才俊，因为看不到希望而离去；而留下的一些"老资格"，也成了一群脑中塞满成见的人——他们跟不上时代，跟不上变化。由于人才的严重不足，最终导致了公司的破产。

　　可见，等级成见对用人来说，是一个很大的障碍。一旦领导者形成了等级成见，就会使手下员工失去工作热情，从而打击员工的创造力——因为热情和创造力都是无任何"规矩"可言的，它们都是灵感的迸发。如果领导者硬是要将其限制在"等级"的圈子中，那就根本谈不上发展了。

　　就像篮球运动，虽然每个队员都有自己的任务：防守、助攻、前锋、后卫，但这些都是不固定的。当情势有了变化，每个人都要跳出自己的职责，随机应变。而等级成见，却好像是要一个后卫只做后卫，当球在他手上，他有绝好的投篮机会时，也要把球传给前锋。这毫无疑问是非常迂腐的。

　　所以说，要做一个明智的领导者，在用人时就必须注重人才真正的能力，而不被"等级"限制，阻碍了人才的发展。

许多成功的领导者曾尝试采用"让B级人干A级事"的用人模式。放手让B级人干A级事，不但能激发B级人的上进心，发挥他们的潜在能力，而且还能降低企业的管理成本。

所谓B级人，就是指那些具有丰富的知识、充沛的精力和强烈的进取心，但因工作时间不长而缺少经验的年轻人。虽然B级人在经验上稍差一点，但他们受过良好的教育，知识面广，接受能力强，更重要的是，他们有着年轻人独有的本钱——干事热情有冲劲，积极向上有信心。所谓A级人，则指那些已经具有一定经验，工作上比较稳重成熟的中年人。他们有经验，但工作的热情及信心显然不如年轻人。

放手使用B级人，能调动他们的积极性，充分发挥他们的聪明才智，为企业创造更大的效益，而且能促使B级人更快地成为A级人，以解决企业内部人才断层的现象，同时节省了培养人才的大笔费用。

如果你把握不准，可以采用以下的办法——

(1)全员决策

随着社会的日益发展，集团公司纷纷出现。经营这样规模宏大、产品分散的公司，必须采用一种崭新的经营理念，才能保证公司的销售额和利润的高速增长。公司如果管理得太多，而领导得太少，往往就会削弱员工的积极性。这个时候，"全员决策"便是极好的方法。

所谓"全员决策"，就是那些工人、中下层管理人员都能被邀请出席决策讨论会，与会者彼此平等，各抒己见。一般说来，工人们对自己的工作比老板清楚得多，经理们最好不要横加干涉。因此，"全员决策"的深入开展，就会沉重地打击公司中的官僚主义弊端。公司总部鼓励管理人员在决策讨论中决策，不必去经过种种渠道推给上级部门或董事会。实行"全员决策"，更为重要的是，不仅改变了职工的工作态度，使他们对公司的各项工作更为关心，同时更能从中发现和选拔人才，降低了培养人才的费用，从而使公司的劳动生产率大大提高。

每一个企业都是一个潜在的人才库。调整企业内部人才的使用位置，不

仅可以从中发现人才,而且也可以在具体实践中造就大批人才。这样既可以降低培养人才的成本,同时也可以激发人才的创新精神,为企业获取更大的利润创造机会。

(2)仔细考虑任命的核心问题

任命之前,起码要先搞清楚任命的原因和目标,其次才是物色适合人选的问题。

必须保证公平和公正。否则就会挤走了好人,或破坏好人的干劲。同样,组织也需要各方面的人才,否则就会缺乏改变的能力,也难以得到正确决策所需的不同意见。

因此,凡是能建立第一流经营体制的领导者,对他们最直接的同事及部属,都不应太亲密。提拔人才时,应以有能力的人为先,而不能凭一己的好恶,所以应着眼于所用之人能有绩效,而不在于所用之人是否肯顺从己意。因此,为了确保选用到适当的人选,与直接的同事及部属应保持适当的距离。

(3)初定一定数目的备选人才

这里的关键是"一定数目"。正式的合格者是考虑对象中的极少数,如果没有一定数目的考虑对象,那选择的范围就小,确定适宜的人选难度就大。要做出有效的用人决策,领导者就至少应着眼于3~5名合格的候选人。

(4)以寻找候选人的长处为出发点

如果一个领导者已经研究过任命,他就明白一个新的人员最需要集中精力做什么。核心的问题不是各个候选人能干什么,不能干什么,而应是每个人所拥有的长处是什么,这些长处是否适合于这项任命。短处是一种局限,它当然可以将候选人排除出去。例如,某人干技术工作可能是一把好手,但任命所需的人选首先必须具有建立团队的能力,而这种能力正是他所缺乏的,那么,他就不是合适的人选。

(5)确保任命人了解职位

被任命人在新的职位上工作了一段时间后,应将精力集中到职位的更

高要求上。

领导者有责任把他召来，对他说："你任地区营销主管（或别的什么职务)已有3个月了。为了使自己在新的职位上取得成功，你必须做些什么呢？好好考虑一下吧，一个礼拜或10天后再来见我，并将你的计划或打算以书面形式交给我。"并指出他可能已做错了什么。

如果你没有做这一步，就不要埋怨你的任命人成绩不佳。应该责怪你自己，因为你自己没尽到一个领导者应尽的责任。

9.培养企业的创新能力

其实创新本身并不困难，难的是敢于创新和坚持创新。大多数企业宁愿就地徘徊，也不愿意尝试创新，是因为它们害怕得不偿失。创新有一定的冒险性，它不能保证一定成功。但是，比创新失败更可怕的是企业就地徘徊，甚至毫无预兆地被市场淘汰。

对企业来说，创新就是企业利用市场的潜在盈利机会，以获取商业利益为目标，重新组织生产条件和要素，建立起效能更强、效率更高和费用更低的生产经营方法，从而推出新的产品、新的生产工艺(或方法)，开辟新的市场，获得新的原材料(或半成品)，供给来源或建立企业新的组织，它包括科技、组织、商业和金融等一系列活动的综合过程。

对应上面企业创新的概念，企业创新的表现可以归纳成以下三个方面。

第一，善于发现潜在的创新机会。

时刻关注行业动态，洞察发展趋势，迅速察觉变化和意外情况中隐藏的机会。对每个企业来说，机会都是均等的。那些看起来运气好的企业，是因为

比其他企业更早地发现了有利机会。

1936年,摩托罗拉创始人高尔文在欧洲旅行,那时候战争即将爆发。接着,两年的萧条时期让高尔文意识到战争中必然需要相关的设备,他的公司便开始研制军用收音机。1940年,《芝加哥每日新闻》的编辑打来的一个电话,给公司送来了一个机会:奥尔斯康辛州麦克伊营地的军队需要无线电通信设备。高尔文派工程师唐·米切尔和雷·约翰去实地考察,发现士兵随身带着非常笨重的通信设备,行军不便。公司决心要制造出更轻巧方便的通信设备。

第二,改进成果。

在生产过程中,建立效能更强、效率更高和费用更低的生产经营方法。持续使用各种新的方式方法,改善原有的生产和管理途径,提高效率,并节约成本。

摩托罗拉公司在研究更加轻便的通信设备时,遇到了一个难题。如果使用天线,很容易被敌人发现,他们必须找到一种抗腐蚀的、不反射的金属材质做零件。经过一系列努力改进,最终完成了手持无线电话机的生产。

第三,开创新市场。

创新不是毫无方向的付出,其结果必须具备市场价值,才能使企业受益。企业的创新是要满足顾客的新需求,提升顾客的满意度。开发新的产品、引进新的原材料或使用新的工艺都要以市场为前提。

20世纪70年代,曾宪梓发现中国香港正盛行西装,当时有着"着西装,拣烟头"的说法,就是说连拣烟头的穷人都穿着西装。但是当时的中国香港却只有很少的进口的昂贵领带。曾宪梓意识到:"中国香港有400万人,假如一个人有一套西装,那么领带的销量将前途无量。"

竞争优势并不是由企业规模的大小决定的,创新能力才是竞争优势的重要因素。创新能使小企业具备相当的竞争优势,并迅速壮大自身。创新能使企业变成行业的领头羊。一项新产品推出后,竞争对手往往需要一段时间才能追赶到差不多的水平,而企业如果能在此时将另一项更好的新产品投

入市场,就会把竞争对手远远甩在身后。

通用汽车公司的优秀设计师这样说过:"当人们还在喜欢A型车时,我们已经在向经销商运出B型车了,工厂则在生产C型车,而技术部则在设计D型车。"

一个企业家回忆道:"有一件事给我留下了深刻的印象。1922年的一天,我正朝达顿通用发动机公司的实验室走去,当我从一些被抛弃的建筑群前面走过时,我问这些建筑群原来是做什么的?达顿的一位朋友回答说,在这些巨大的建筑物里,巴尼和史密斯公司制造了世界上大部分的木式火车车皮,当钢式车皮问世以后,他们还继续制造木式车皮,所以这两个公司被淘汰了。"市场变化是一个多么残酷的事实。

有些企业一直提供固有产品,即使在市场大幅缩水的情况下也坚持投入产出,这样的企业很可能在一夜之间被市场抛弃。传呼机、磁带、录像带都曾普遍为人们所欢迎,但技术的更新使产品推陈出新,人们的新需求得到不断满足的同时,旧有产品遭到冷落,相关企业纷纷面临惨痛损失甚至倒闭的局面。即使一些旧产品现在仍然被延续使用,但它的地位和作用已经远不能和从前相比。

对企业来说,尽管某项产品一直是其优势,但是放在市场环境下,很可能明天就会被淘汰。研究表明,新产品在销售份额中的比例日渐上升。新产品能为企业带来丰厚的收益和不断向前发展的动力。如果把市场看成是波涛汹涌、变化无常的江河,那么创新就是企业的救生衣,它使企业紧跟市场的发展与变化,避免被市场抛弃。

市场发展有着它特有的时代特征,现今的消费者也越来越强调产品的个性化和多样化。他们不再满足于某商品只有一种颜色、造型或相关配置,他们需要的是令人惊喜的多样选择;他们不再满足于人人都有的相同产品,小到T恤,大到汽车,其需求都在变得日益个性化,也有越来越多的商品推出个性定制和个人服务。这些都必然要求持续创新以实现改变,应对现在纷繁多变的市场要求。

首先,防止自满情绪。

企业是客观物体,不具备人格特征,自然也就不会出现人类的情绪。但操控企业的是人,人的自满情绪会影响到企业的发展。

曾经有一位作家,写出了一本脍炙人口的小说,受到极大的赞誉。于是,他终日忙于为这本书作演讲、分享写作经验。到头来,他才遗憾地发现,自己一辈子只写了一本书,其他的精力都浪费在了享受过去的成果带来的荣誉中。

作家可以只对自身负责,但对一名领导者来说,他的自满情绪不仅仅会对自身的工作和发展造成负面影响,更会感染到他的员工、伙伴,最终导致整个企业发展趋缓。

一家具有很好发展前景的化工厂,通过一段时间的技术创新,取得了一项专利,产品投放市场后,赚取了大笔利润。该厂负责人感到十分满意,专门为这个专利定做了各种荣誉宣传牌。可惜好景不长,不到一年半的时间,该技术就被突破了,其市场占有率迅速缩水。该化工厂几乎面临倒闭的局面。

企业自身不会自满,但人会自满。人们总是不知不觉地放松了对创新的要求,所以大多数时候,自满不易被发觉。领导者必须提高自省能力,周期性地反思创新进度、创新程度。

其次,强化忧患意识。

企业过度关注自身发展,很容易形成短视。当企业取得一定成绩时,人们往往把关注点都集中到企业内部,而忽视外部竞争对手的变化。企业会在一段时间内独享创新的成果,但稍不注意就会出现大量的效仿者、竞争者。这个速度是飞快的,甚至是超出预想的,企业很容易在短时间内便丧失了优势。

时刻强调竞争的激烈性,时刻强化忧患意识,"永远战战兢兢,永远如履薄冰",才能使企业在取得成绩时,清醒冷静地对待客观形势。创新是竞争优势的重要因素,要想保持自己的优势地位,要想不被他人赶超,就不能放松创新。

再次,学习新知识。

创新不是静止的,而是不断更新的。加强新知识的学习,一方面可以改进原有的创新成果,另一方面可以引发新的创新。

创新成果应用到实际工作中不一定就是尽善尽美的, 它可能仍然存在一些需要改进的地方。通过新知识的补充,人们可以进一步完善和加强原先的成果,使其更加有利于实际操作。创新是不会自动生成的,学习新知识的过程也可以引起人们新的思考。人们应该将学习新知识看成是创新的有效来源之一。

10.领导者必须快乐,员工才能快乐

黄总的IT公司,很多员工士气低落。为此,黄总焦急万分。为了提高员工的工作热情,黄总找到一位从美国归来的快乐管理专家,精心设计了快乐管理的方案,包括野外郊游、业余聚会、私下交流。同时,办公室的墙壁也改变了颜色,悠扬的音乐在办公区轻柔地响起。3个月过去了,员工的工作激情没有明显变化。黄总着急了,气急败坏地抱怨员工"不识好歹"。

工作热情高,工作效率自然也高,快乐管理成了许多公司老板的管理梦想。谁不希望自己的家庭是幸福的?但是,又有多少人能够满足地说:"我的家庭生活很幸福。"快乐管理的思想与家庭幸福感的获得是一个原理:快乐不是别人给的, 在于自己的视角与选择。什么时候家庭幸福感的问题解决了,那么快乐管理也就不成问题了。

因此,黄总的问题是:自己不快乐,却要求下属快乐。那么无论他采取多么先进的快乐管理方案,都是不会奏效的。他必须首先自己快乐起来,才能

真正让快乐管理起到效果。如果他自己整天焦虑不安,动不动就发火,下属的快乐就很难调动起来。即使有,也是员工个人的修养所致。

绝大部分人坚信,自己的快乐操之于人——是别人给的。所以,很多人总是要求别人做出顺己意、舒己心的事。但是,又有几人能够顺从,或者永远顺从我们的要求呢?老板要求员工完成任务,完成了就快乐,没有完成就气急败坏。越是要求别人给自己"支付"快乐,快乐就越靠不住。

有人说,如果员工没有达到老板的要求,那老板还怎么快乐管理?

方法有二:

第一,先处理自己的情绪,等情绪平静了,再去处理其他事情。千万不要带着焦躁的情绪去处理问题。老板发火,下属必然惊慌失措,还怎么做好工作?

第二,在情绪实在难以平静下来的时候,可以尝试一次性连续喝下1000毫升的矿泉水(约2瓶矿泉水)。此法的好处是:1000毫升的矿泉水下肚,老板的注意力就会从焦急的事情上,转移到发胀的肚子上,焦躁的情绪很快平息。不久,尿急如厕,本身就是一个身体和精神放松的过程。心平气和,是老板理性处理问题的心理基础。

美国心理学家有研究表明,帮助人所带来的快乐经久不衰。老板不妨以帮助员工的心态实施管理,感觉自然就不一样了。

有句话说得好:"高官不如高薪,高薪不如高寿,高寿不如高兴。"我们认真地想一想,人的一生的生活无非就是一个心情的问题,有了一个好心情,才会有一个好人生。

不少人陷入了世俗成功的"精英"围城而不能自拔,总想让别人高看自己一眼,让别人觉得自己有地位、有身份、有权力、有金钱。越是在意别人的看法,越是活得太累。

郭冬临的小品《有事您说话》大家可能都看过了。一个年轻人,为了让科长和周围的同事都看得起他,就慌称自己什么事都能办,特别是买车票的事,称自己在火车站有关系。为了显示自己门路大,有本事,不得不起早贪

黑,背着铺盖卷在售票处排队买票。等了大半夜,好不容易排队到了售票窗口,没票了,没有办法,只好多掏了200块钱买了两张高价票。这种"打肿脸充胖子"的人,可以说在我们身边比比皆是。有时候,我们也会情不自禁地做一回这样的人。

应该说,希望能够得到别人的认可与肯定是每一个人的基本心理需要之一。但是,得到认可的愿望一旦达到歇斯底里的地步,或者说要求别人或社会认可的心理需求过分强烈,则会造成精神的沉重负担和心灵的扭曲——除非我们能够得到别人的承认,否则我们就是默默无闻的,我们就是没有价值的。

"我们的工作并不重要,被人承认才重要",这种观念越长久,你的精神就越痛苦,你越努力,就越找不到快乐和幸福。西方有句谚语说:"20岁时,我们在意别人对我们的想法;40岁时,我们不理会别人对我们的想法;60岁时,我们发现别人根本就没有在意我们。"

不必处处要求别人的认可,如果认可来临,你就坦然地接受它;如果它没有来临,你也不要过多地去想它。你的满足应该是在你的工作和你的生活本身,你的快乐是为你自己,而不是为别人。

有句格言说得好:"日出东海落西山,愁也一天,喜也一天;遇事不钻牛角尖,人也舒坦,心也舒坦。"职场中,保持心情快乐的途径有两条:第一,发现使你快乐的东西并增加它;第二,发现使你不快乐的东西并减少它。

第十课

团队为王

——卓越的领导是高绩效团队的灵魂

诚然，在一个团队中，精英的地位不可低估，但形成积极、易沟通、协同合作的幸福的团队文化往往更能促使团队实现"1+1>2"，即"整体大于个体之和"之目的。

1.真正的成功来自和谐团队

在今天的企业界,靠个人单打独斗已经很难赢得市场的决胜权,只有通过团队的力量,才能提升企业整体的竞争力。

作为企业的一分子,一名优秀的员工能自觉地找到自己在团队中的位置,能自觉地服从团体运作的需要,能把团体的成功看作发挥个人才能的目标。他不是一个自以为是、好出风头的孤胆英雄,而是一个充满合作有激情,能够克制自我、与同事共创辉煌的人。因为他明白,离开了团队,他将一事无成,而有了团队合作,他可以与别人一同创造奇迹。

蒋志国是一家营销公司的优秀营销员。他那个部门的团队协作精神十分出众,因此,每一个人的成绩都特别突出。

后来,这种和谐而又融洽的合作氛围被蒋志国破坏了。

前一段时间,公司的高层把一项重要的项目安排给蒋志国所在的部门。部门主管反复斟酌考虑,犹豫不决,最终没有拿出一个可行的工作方案。而蒋志国则认为自己对这个项目有十分周详而又容易操作的方案。为了表现自己,他没有与主管磋商,更没有向主管提出自己的方案,而是越过主管,直接向总经理说明自己愿意承担这项任务,并向经理提出了可行性方案。

蒋志国的这种做法严重地伤害了与部门主管的感情,破坏了团队精神。结果,当总经理安排他与部门主管共同操作这个项目时,两个人在工作上不能达成一致意见,产生了重大的分歧,导致团队内部出现分裂,整个团队精神涣散。那个项目最终也在他们手中流产了。

一个团队的伟大并不是由于某个成员的伟大,而是他们作为一个集体

的伟大。正如海尔的张瑞敏所说的："就单个员工而言，海尔员工并不比其他企业员工优秀，但能力互补、具有良好团队合作精神的'海尔团队'，的确是无坚不摧的。"

在现代社会，团队的力量远远大于一个个单独的优秀人才的力量。在当今世界，任何具有重大意义的科学研究、理论探索、技术工程等，都不可能凭借个人单枪匹马的奋斗完成。

秋去春归的大雁在飞行时总是结队为伴，队形一会儿呈"一"字，一会呈"人"字，一会又呈"V"字，它们为什么要编队飞行呢？

原来，编队飞行能产生一种空气动力学的节能效应。一群由25只编成"V"字队形飞行的大雁团队，要比具有同样能量但单独飞行的大雁多飞70%的路程。也就是说，编队飞行的大雁能飞得更远。

当大雁向下扑翅膀时，在它的翼尖附近就产生了一种上升流，每一只在编队中飞行的大雁都能利用到邻近它的另一只大雁所产生的这股上升流，因此大雁只需消耗较少的能量就能飞翔。大雁的这种行为并不是出于它们对这种上升流的理解，而是感觉到这样飞行时不太费力，只需要调整它们的飞行姿势就行了。

以水平线形飞行的大雁也可获得这种邻近升力，但以这种方式飞行时，中间的那只大雁要比排列在任何一侧飞行的大雁获得更大的上升助力。而在"V"字形编队中，这种升力的分布相当均匀，虽然领头的大雁所受到的空气摩擦力要比后面的那些大雁大，但这一点由排在两侧飞行的大雁所产生的上升流弥补。那么排在"V"字形队末飞行的大雁只能从一侧获得这种上升流，它消耗的能量是否多些？并不是这样，因为其他的大雁都在它的前面飞行，所以这种来自一侧的上升流是相当强的，而且大雁的这种"V"字形编队不需要绝对的对称也能具有这种升力特性，即排列在一侧的大雁可以比另一侧多一些。

一滴水是微不足道的，整个大海里的水却是无限的；一个人的力量是有限的，集体的力量却是巨大的。真正的成功来自一个和谐的团队。只有企业

中的整个员工队伍紧密团结起来,才会产生出巨大的力量和智慧,最终走向胜利,并获得幸福的人生。

2.一个人战斗,永远不会有幸福

温大伟,一位年轻帅气的"海归",从美国麻省理工学院学成归国,被上海的一家专门从事新能源开发的公司高薪聘过来。公司对他寄予了厚望,也十分信任他,委任他为一个太阳能应用项目研究团队的项目总监,并将公司经验丰富、具有学识优势的研究员配备给他。

这个项目研究一旦得到突破,将奠定公司在同行业中的核心地位,公司对温大伟寄予了厚望。而且,凭着温大伟的学识以及他过去取得的成绩来看,半年之内取得研究突破应该不成问题。

然而半年过去了,温大伟所负责的项目不仅一无所获,而且项目组竟然遇到了濒临瓦解的危机,公司内几位经验极其丰富的研究员相继跳槽。董事长大为震惊,调查了解一番后才知道,原来温大伟自恃"海归"身份,自以为掌握着行业研究的前沿信息,对公司配备给他的这些"土鳖"看不上眼。

温大伟宁愿一个人躲在实验室里夜以继日地做研究,撰写研究报告,也不愿调动起其他人的力量,让他们共同参与进来,只是让他们做些与研究核心无关或边沿的辅助性内容。用温大伟的话说,自己刚到公司,被公司赋予了极大的信任,必须要用打眼的成绩来亮相。如果大家都参与进来了,完成的成绩就理所当然地成为团队的了,自己在其中的作用也被稀释了,这样反而让那些"土鳖"不劳而获了。

正是这种思维方式,让温大伟将那些有着丰富实践经验的工程技术人

员"雪藏"了起来。大家深感自我价值难以实现,跟着这样逞个人英雄的领导没有什么前途,便纷纷在猎头公司的游说下跳槽走人。而温大伟,其所学专业固然具有比较优势,但毕竟他在应用领域知之甚少,技术突破也只能停留在工作计划阶段,最后无果而终,只得重回美国深造。

"一将功成万骨枯"。自古以来,任何一个伟大英雄的产生,莫不是由背后无数位有名或无名的战友的付出来成就的。战场如此,商场如此,职场也是如此。英雄之所以成为英雄,是因为他懂得利用愿景、目标来激发大家的斗志,将那些相关的人"绑"到自己的战车上,任由自己驱使,所向披靡。

职场中人也是如此。一味讲求个人的出类拔萃、光芒四射,显然是不明智的,到头来反而可能成为一个具有悲情色彩的英雄。这是狭隘的个人英雄主义,每个职场中人都应谨记,尤其是那些自认为喝过几瓶墨水,就自我感觉良好、成功欲望极为强烈的"大虾"们,更应克服这种被职场成功欲念所掩盖的弱点。

要知道,一个人可以在职场中获得漂亮的业绩,却无法所向披靡,成为职场中的常胜将军。唯有依靠团队的力量,借用他人之长去弥补自己之短,才能将自己的事业推向辉煌,成就个人的价值。所以,在竞争中合作,在合作中实现双赢,这才是笑傲职场江湖的一个必杀技,是你所必须携带的"武器"之一。

"一个篱笆三个桩,一个好汉三个帮",这是大家耳熟能详的一句俗谚。然而一旦置身其中,真正能参透并恪守的又有几人?职场就是江湖,仅靠一个人的本领单打独斗,是创造不出什么辉煌的。即使你浑身是铁,又能打得几颗钉?温大伟就是犯了这个错误,他太把自己当回事,太急于创造能够证明自己的成绩,太不懂得合作的道理,所以酿就了他职场上的惨败。

不要有"凡事自己来"的观念,完全不靠别人帮助的人是走不了多远的。凡事坚持独立完成,虽然会让你有成就感,但相对来说风险也大。要想让自己做一个幸福的人,就得想办法获得他人的帮助。这些帮助不仅仅来自你的上司和同事,还可能来自其他对你的事业有帮助的人。

现代社会背景下的职场更为复杂,谁都不可能事事知悉,通晓百业。你可能是个专才,但不要奢望能成为"全才","全才"应是一个团队才有资格具备的符号。不要一个人去战斗,别忽略了旁边还有摩拳擦掌的同事,他们正渴望着与你一起建功立业。何不将他们"绑"上自己的战车,至少你多了一个伴,对困难多了一份威慑。

懂得双赢,知道利用合作来成就自己的人,才是真聪明;狭隘求胜,抱着自己的那"一亩三分地"不肯与人合作耕种的人,真是太愚蠢。懂得这些,也许才是你幸福职业生涯的真正开始。

3.高绩效团队的六种表现

当我们评价一支团队时,首先应该关注的是团队之中的成员。如果他们具备了以下六种表现,展现在我们面前的必定是一支杰出的高绩效团队:

(1)人人保持诚实与正直

高绩效建立在团队成员高度协同的基础上,而协同的根本在于大家能够相互信任和理解。信任则建立在诚实和正直之上。

事实上,无论是谁,都希望自己置身于一个值得信任和公平、公正的团队之中。谁也不希望与一些不讲信用的人一起工作。在取得成功的团队之中,几乎所有的成员都是值得信赖的。他们能够按照计划完成自己分内的工作,同时严格要求自己履行每一个承诺。

但是在另一些团队之中,诚信和正直往往被遗弃,几乎所有的人都言行不一致,同时也不值得去信赖。更为糟糕的是,他们往往会在团队内部搬弄是非。这样的团队的结局,可想而知。

诚实和正直不仅是打造高绩效幸福团队的基础，还是我们为人处世的根本。谁丢掉了它们，谁终将为人们所摒弃。

(2)始终保持积极沟通

良好的协同来自于积极有效的沟通，我们在研究团队绩效的过程之中发现，几乎所有团队的失败都与沟通有关。很多团队因为沟通不畅，导致内部争执不休，最终错过良好的市场机遇；也有一些团队因为始终没能取得一致的方向和目标而一直碌碌无为。类似的情况依然在很多团队之中发生过。

沟通主要包括两个方面：积极主动地表达和耐心细致地倾听。高绩效团队之中，成员们总是能够做到这两点。他们在获得一个实施目标的方法之后，总是会主动与团队中的其他成员进行沟通，而其他人则会以一种耐心而客观的态度倾听，一旦发现这是一种有益的方式时，所有的人都会全力投入到其中。

人与人之间最有价值和意义的事便是沟通，如果没有了沟通，任何目标都无法实现。

(3)人人勇担责任

团队的绩效取决于所有成员的责任意识。许多情况下，一个人的疏忽会造成整个团队的失败。因此，要取得高绩效，团队中的每一个人都必须保持高度的责任心。

现实当中，不负责任的员工随处可见，很多企业为"如何赢得员工的责任心"而倍感头疼。优秀的经理人知道如何行动，他们不但明确传达团队的目标，还清晰地告诉每一个成员所应该承担的具体工作。最重要的是，他们总是以身作则，带头行动，成为团队之中的榜样。当然，在每一次取得成功之后，他们总是不会忘记庆祝。

一支人人勇担责任的幸福团队必定会实现高效率，而一支无人愿意承担责任的团队，只能以失败告终。

(4)时刻散发激情和自信

激情和自信是一个人取得成功的根本。同样，成员们是否具备激情和自

信则决定着团队的成败。

那些对自身工作充满激情的人,他们一定能够将工作做好。但是,很多经理人往往只知道一味地追求结果,而忽略了团队激情的培养和激发。我们调研了很多团队,发现其中一些团队的气氛异常沉闷,每个人都表现得非常疲惫,他们从工作中获取不到一丝丝的乐趣。这样的团队通常无法取得预期的结果,更别说取得高绩效了。

成功的经理人将塑造员工的工作激情和自信心视为自身的重要任务之一,他们在成功之后总是不断激励大家以取得更大的成功。在团队遭遇失败时,他们会引导团队成员换一个视角,将失败视为通向成功的一个过程,并与大家一起探讨走出失败的策略和方法。

(5)人人积极主动完成任务

几乎所有的企业都在强调员工的主动性,每一位管理者都在向员工们灌输"积极主动"的重要性,因为他们知道团队的绩效取决于团队成员的绩效。然而,现实中真正具备主动性的员工依然不多见。为什么?原因很简单,仅仅传播一些口号是没有用的,要使员工保持积极主动的心态投入工作,必须拥有一套完善的激励机制。

高绩效幸福团队通常拥有完善的激励措施,经理们将每一次的成功都视为团队协作的杰作,使团队的每一位成员都能够感受到成功的喜悦,而团队中的佼佼者则成为无可争议的榜样。一旦如此,每一位成员都期望成为最受尊重的那个人。由此,主动性将成为团队成员固有的特质。

(6)人人乐于分享

著名咨询公司麦肯锡有一个重要的工作法则:不要重新发明车轮。意思是当资料库内拥有相同或类似的资料时,应该拿来应用,而不要再浪费时间和资源重新创造。这一方式适合于所有追求高绩效的幸福团队。

要做到这一点,最好的方式就是分享。在研究对象中,我们发现成功的团队都反复强调一个共同点:分享,不停地分享。甚至有一些经理人认为:"没有分享,就不可能有高效率!"

4.价值观是团队合作的前提

北大的毕业生带着母校的期望踏上社会，在各行各业为祖国的发展做着贡献。无论他们身在何方，都深深眷念着母校。他们组织的校友会分布在全国，是一股强大的力量，从精神上、物质上乃至具体事务上支持着母校；他们送子女到北大受教育，赠送钱财礼品，鼓励学校的社团活动及体育文娱活动，以主人翁的姿态参加北大的事务等。

可见，正是这种精神影响着一代又一代的北大毕业生。也就是说，是正确的价值观使得北大得以保持长盛不衰，与时俱进。

领导在与人合作时，也必须注意价值观是一切合作的前提。

撒切尔因善于塑造和坚持一套毫不动摇的价值观而闻名于世。组建新内阁时，她精心挑选那些与她观念相近的人。决定撤换外交大臣时，她说："我首先抛下了一个自命为飞行员，但方向感却屡出差错的人。弗朗西斯和我的分歧不仅仅在于政策的导向或者内阁的方针不同，甚至在于整个的人生观有差异。"

如果企业雇用的人在价值观上与企业文化不相符，那他就会认为企业所从事的事业不值得，那企业还怎么能希望他把该做的事做好呢？

在美国，有一家大规模的服务性公司，它的下属公司有专门提供害虫消灭的公司，提供家政服务的公司，从事专业草坪养护的公司……总公司的宗旨就是为人们提供最优秀的服务。

在一次高级管理人员会议上，董事长波拉德播放了一盘有关不同类型求职者的录像带，带子上有一位妇女，在面试时对管理人员说："我是一个同性恋，但是我非常乐意为别人服务，所以我想在你们公司工作。"

波拉德和其他公司的领导商定，只要她真正的目的是来做事，就可以加入他们的公司。于是，最后这名妇女成了公司的一员。

另外，那盘录像带上还有一个人，他说："我非常想加入你们公司，但我真的不想干服务性质的活，我可以尝试管理方面的工作。"

波拉德当即指出："这个人不适合我们公司。服务是我们公司最根本的要求，如果他认为服务性工作是不值得做的事，可见他的价值观与我们相悖。"

最后，波拉德还说："并非所有的人都愿意接受我们的宗旨和价值观。对那些不愿意接受我们的宗旨和价值观的人，公司也的确不是他们合适的去处。所有想加入我们的人以及公司现有的员工，都应该明白这一点。"

在考核一个人时，他的价值观是至关重要的。人们的价值观常常引导他们的思考和行为。

当某人申请为公司工作，并了解到这个公司信奉什么时，领导者必须思量一下，这里是否适合他，他是否能适应这里的价值标准。如果一家公司的员工不认同这个公司的价值观，那这个公司就很难经营好。

在一个企业中，当HR们招募到合适人才后，人才选拔计划是业务部门同人力资源部门一起制定的，并对通过初步筛选的应聘人员进行结构化测试。测试的题目都要紧紧围绕公司的价值观进行，同时对应聘者个人的素质、品质和性格加以考察。

这里，起决定作用的因素往往并不只是应聘者的专业水准，而是看他是否有与本企业相同或接近的价值观念。要知道，个人所持有的价值观往往比其所掌握的专业知识或技能更难以改变，因为它已是习惯性的或称为定式化的东西。

在人才招聘方面，我们不妨从"人乃根本，人是源泉"这几个字下手，着眼点在"人"上，按如下步骤做好招聘及人才规划工作：

（1）做出自己企业（针对招聘职位）上一年度与本年度用人计划及标准的对比，根据目前企业状况找出职位差异性；

（2）确定所招聘人才在职业生涯方面进一步成长方向和发展的领域和空间；

（3）建立与该招聘职位相适应的近期和长期的职业兴趣方面；

（4）告诉应聘人他所应聘职位的优势与未来职位设想；

（5）提出专业人才一定要做专业的事的要求；

（6）面试过程要求具有较强的目的性及针对性，并采取适当行为导向。检验应聘者过去的经历及成就，如：专业化知识案例举证、解决问题的渠道及途径、工作主动性的认可度、事后追踪和团队合作的能力等。

作为团队领导者，必须具备发现与公司具有"相同价值观"的人才的能力。

5.信任是团队的核心

信任是高效的、团结一致的团队的核心。没有信任，团队合作无从谈起，也就无从拥有团队精神。

因此，团队精神的一个特点是，团队成员之间相互高度信任。也就是说，团队成员彼此相信各自的正直、个性特点、工作能力。赢得他人信任是团队合作的前提，这种信任应做广义的理解，不仅包括对个人品质的信任，而且包含对专业能力的信任。

信任是相互的，对团队成员来说，赢得他人信任的同时，还要信任他人。团队成员应具备豁达的胸襟，充分信任他人，认可他人的个人品质及专业素养。或许你认为他人在某些方面不如你，但你更应该看到他人的强项和优点，并对他人寄予希望。

虽然这是很理想的情况,但是,只有非常优秀的团队才能够建立起这种信任,以深化合作。这需要团队成员敢于承认自己的弱项,而且不用担心别人会以此来攻击自己,这些弱项包括性格弱点、技术不足、人际交往的困扰、失误、无法独立完成任务以及需要别人的帮助等。

而增强团队成员间信任的最有效的方法之一,就是加深彼此之间的了解,既包括对团队成员性格的了解,也包括对其行事方法方式的了解。

下面的这些策略,可以帮你和员工小心翼翼地逐步建立起彼此之间的信任,营造充满尊重及亲和力的氛围——不仅有助于员工们更快乐地工作,更能够为公司带来意想不到的结果。

(1)杜绝双重标准。

如果你自己不遵守某项规章制度,不要指望你的员工会执行。韦瑟瓦克斯的建议是:"不要自己跷着二郎腿,而吆喝员工干这干那。""只许州官放火,不许百姓点灯"是行不通的。

(2)不逼迫员工干他们不喜欢的工作。

在所有行为中,没有比不停地让员工卖苦力更具杀伤力的了,这将加剧老板与员工之间的对立。比如,让员工做一些不道德的事情,或者无理地要求员工超时工作。若要获得员工的尊重,达尔比建议老板们恪守"己所不欲,勿施于人"的准则。

(3)让他们开怀一笑。

在消除压力、减少谈话的紧张感等方面,适当的幽默是个行之有效的方法。韦瑟瓦克斯认为:"领军者在设定工作的节奏、营造工作氛围时拥有无可替代的号召力,而快乐是有感染力的。所以,如果老板乐意与自己的员工开玩笑,让他们保持愉快的心情,那么,员工们会自然而然地将这种感觉传递到顾客那儿。"

(4)及时进行结果评估。

不管是表扬员工的出色工作,还是总结他们的失败教训,老板都要开宗明义地进行评估工作,这将有助于员工理解上司的具体愿景。墨菲提醒:"在

经营困难时,我们往往会忽略一些坏习惯,同时也看不到优秀员工所创造出来的价值。"

(5)及时与员工通气。

在经济困难时期,员工们尤为担心自己能否保住饭碗。所以,如果老板愿意及时与员工沟通,表达自己渡过难关的想法(比如,究竟是裁员还是减少开支),将赢得更多尊重。据墨菲分析:"分享一些关键数据,解释清楚这些数据的来源,以及你做出这些决定的原因。老板们向员工传达自己的想法越多,越容易赢得员工的信任。让员工们恐惧的正是对前途的不确定性。有些问题如果不开诚布公地进行探讨,员工们会朝最坏的方向揣测。"

6.领导者的关注具有改变他人的力量

当我们观察某一事物的时候,观察行为本身就能使观察对象发生改变。观赏性体育运动就是最好的例子。所有的运动员都会告诉你,观众是一种能量,观众能对他们场上的表现产生巨大的影响。

作为领导者,假使我们只是观察一名高管人员工作,你的观察行为本身就会影响他或她的工作表现。我们都希望产生的是好的影响,但也有可能相反。

当注意某件事儿的时候,我们的预期、意向、期望、恐惧、怀疑、嫉妒以及想法和情感实际上都在不停地运转着,都在影响着自己注意力所聚焦的对象。当真正理解观察行为本身能使观察对象发生改变这一现象,并从心底相信这是事实时,我们就不能再进行任何无意识地观察了。我

们知道自己对观察对象至少要承担部分责任，因为我们能使被观察的事物发生变化。

作为领导者，你的关注具有改变人、事、条件、结果的力量，这条原理使你肩负重任。

例如，你仅仅出于恶意就把一名员工辞退了，其实除了不喜欢他或她的个性外，没有什么正当的理由。你可能会捏造一个他或她工作表现不佳的"事实"，但如果这么做了，你就大错特错了。等待你的将是"时间的审判"，时间或早或晚都会给你有力的回敬。你在主观上故意向某人施加了负面的能量，错误地将其辞退是你主观错误的一种表现形式，你必须等待"报应"到来的那一刻——也许要过很多年，但早晚有一天你会尝到被错误对待的滋味。向你"施恶"的人也许和被你错误对待的那名员工毫无关系。

相反，如果你在慈善事业上耗费了大量的个人时间和精力，那么无论你的这些行为是否为人所知，你都会欣慰地知道这些善举迟早有一天会给自己带来回报——就像你为他人所做的一样。也许世界对你的回应会随即体现，如你在行善时感受到强烈的满足感；也许世界对你的回应出现在未来的某一时刻，如某人在你事业受阻而又无计可施的时候施以援手。

作为一个领导者，你要明白一个道理，即所有人，包括你自己在内，都要受"作用力与反作用力"法则的制约。你要对这个事实始终保持高度的敏感。通过自己领导的组织，你将拥有产生巨大影响的力量。当运用这一力量的时候，要始终保持头脑清醒。要知道，你所产生的巨大影响终究会反过来影响你自己和你的团队，并应该尽量使这些返回来的作用力产生积极正面的影响。

著名的"蝴蝶效应"就是有关这个原理的一个例子。根据这一原理，巴西一只蝴蝶的一下振翅会产生微小的大气变化，而这微小的大气变化经过一段时间后会导致得克萨斯州的飓风。

没有不重要的事情，领导者能量的每次运动都至关重要。作为一个领导

者,你要意识到自己头脑中最细微的想法,自己采取的最细微的行动,以及你的团队中出现的最细微的想法,采取的最细微的行动,这些,随着时间的推移,都会产生巨大影响。你要看到自己肩负的责任。一旦对此心怀侥幸,你必须承担相应的后果。

7.特殊时期更要贴近下属,关心下属

虽然领导者的谋略至关重要,但要使谋略转化成生产力,就离不开下属默默无闻的细致工作。只有下属才是工作成绩的真正创造者。尽管领导可用高压手段迫使下属去服从,去工作,但很可能会激起下属的逆反心理,从而进行消极怠工或暗中抵制,以致降低工作效率,影响工作目标的实现。

相反,如果领导者能贴近下属的内心世界,真诚地关心下属,把下属的苦恼和难处放在心上,并为其排忧解难,相信下属会对领导者感恩图报,以最大的热情投身工作,竭尽全力为企业创造价值,即使再累再苦,也心甘情愿,无怨无悔——因为他们感受到了来自领导者的尊重与关怀,这是他们最大的幸福。

在把公司看作大家庭的日本,老板很重视员工的婚姻大事。例如,日立公司内就设立了一个专门为员工架设"鹊桥"的"婚姻介绍所"。一个新员工进入公司,可以把自己的学历、爱好、家庭背景、身高、体重等资料输入"鹊桥"电脑网络。当某个员工递上求偶申请书,他(她)便有权调阅电脑档案,申请者往往利用休息日坐在沙发上慢慢地、仔细地翻阅这些档案,直到找到满意的对象为止。一旦某个员工被选中,联系人会将挑选方的一切资料寄给被选方,被选方如果同意见面,公司就安排双方约会。约会后双方都必须向联

系人报告对对方的看法。

日立公司人力资源部门的管理人员说：由于日本人工作紧张，职员很少有时间寻找合适的生活伴侣，我们很乐意为他们帮这个忙。这样做还能起到稳定员工、增强企业凝聚力的作用。

现在的部属都很辛苦，压力也越来越大，工作强度和难度也在增大，都需要得到理解和关怀，尤其是希望主管能够理解，能知道他们的不容易。员工过生日时，你有没有送去一个祝福？部属生病时，有没有一个问候或去探望？部属的家里有难处和困境，有没有表示过慰问？部属是否有生活烦恼，你是否提出过你的意见和帮助？这些生活的点滴，虽然与管理无关，但要让部属用心工作，就要用心关爱你的部属，关心他的工作、生活，甚至他的情感。

领导者对下属的关心之情应该发自内心，这是领导者人格魅力的集中体现。只有关心下属，爱才会产生。

特别是当员工情绪处于低潮时，也是最容易抓住员工的心的时候。

以下列举的是几个员工情绪低落的特定时期，管理者若在此时多给予员工以关爱，必能感动员工，激励员工为企业全心全意效力。

员工生病时。当身体不适时，这时人的心灵总是特别脆弱。

工作不顺心时。因工作失误或无法按照计划进行而情绪低落的时候——因为人在彷徨无助的时候，对来自别人的安慰或鼓舞的需要比平常更加强烈。

人事变动时。刚刚调来的员工，通常都会交织着期待与不安的心情，这时，管理者应该帮助他早日消除这种不安。另外，由于工作岗位构成人员的改变，员工之间的关系通常也会产生微妙的变化。

家庭出现问题时。如经济方面的问题：家庭经济紧张，或收入突然减少，或一下子要支付一笔很大的开支而影响了家庭的正常生活等；子女方面的问题：孩子入不了好的学校、成绩差、落榜、失业或闯祸违法等；长辈方面的问题：对夫妻双方的父母，或照顾不周，或他们觉得厚此薄彼而产生了不满，或有亲人、朋友去世等；夫妻之间的问题以及突发事件等。

8.比物质更重要、更有效的团队激励

一直以来,激励都是管理范畴的一个热门话题。德鲁克认为:"管理就是界定企业的使命,并激励和组织人力资源去完成。"有的管理者认为,"管理就是激励"。

尤其是进入21世纪,随着80后、90后新人成为就业大军中的主体,对这些生长在改革开放后、物质产品比较丰盛年代的年轻人,对他们的激励是否有合适的方法?为什么员工"工作条件越来越好,内心的动力越来越小"?

在任何竞技比赛中,每个人都想赢,那是一种强大的内在动机。

做任何事业时,每个人都想成功,那是一股强烈的内心意愿。

没有人会甘心落后,没有人会愿意失败,为了比周围的人更出色,为了得到周围人的认可,舍得付出辛劳,可以加倍努力,这本身就是一种需求——对成就感的需求,而不仅仅是为了钱。马斯洛的需求理论认为:"人的最高需求是实现个人价值。"心理学家赫兹伯格说:"钱只是保健因子,而不是激励因子。"

那么,比钱更重要、更有效的员工激励有哪些呢?

第一,开诚布公地沟通。

高诚信的企业会对员工毫无保留地公开公司的业绩情况,解释公司在经营管理及人力资源管理方面的一些基本政策,鼓励员工主动参与信息分享,同时无差别地公布包括坏消息在内的新闻,并向员工坦承地承认在经营管理上的一些失误。

两年前,一家咨询公司总裁罗斯制订了一个长期的奖金计划以激励公

司1500名雇员中2/3的员工，他精确地计算了每一位员工在年终的时候将会拿到的奖金数量，并设定了一个上浮尺度之后，把这个奖金的分配方案和员工进行了沟通。但由于互联网经济的破灭，公司业绩没有达到预期目标，奖金计划大打折扣，只能发出计划中的40%。

为了挽救这一严峻形势，罗斯和公司的其他高管花了2周时间到40个城市的分公司和员工见面，亲自向员工解释发生的事情并承认管理层在项目制订上犯下了失误。

最后，高管层还是取得了绝大多数员工的理解和支持，问题得以化解。

第二，与员工分享福利。

过去的几年里，不少企业已经认识到：大部分的员工对自己的切身经济利益不是很敏感。为了改变这种状况，以提升员工对自身利益的关注程度，一些企业开始推行一种年度的"总额奖励计划"，以此和每一个员工的报酬进行沟通，包括工资、体检、伤残福利和退休金等。

意料不到的效果是，推行这种计划的企业大幅度提高了员工对公司的信任度。这其中的真正原因并不是很清楚，但一种可能是，这些企业的员工认为管理层对他们有更为深入的理解及支持，并为他们做了很多工作。

5年前，苏珊作为团队主管加入一家外贸公司，当时该公司的员工信任度一度滑至低点。苏珊把重点放在改变公司的文化上。她实施了一个公开的政策，遍访了公司的雇员并和他们进行了非正式的交流。之后就将注意力放在赖以支持HR部门运转的HR系统方面，如报酬、赔偿及健康福利，并和员工讨论为公司付出的受益及可能得到的全年性的报酬。比如，一个员工因为家庭原因需要一笔数目不小的贷款，另一个员工需要健康咨询等。慢慢地，当员工的需求与企业的福利计划在HR部门的推动下，变得清晰的时候，信任就开始在企业内部重新构建起来。

第三，让员工参与公司决策。

为了构建一个高信任度的组织，管理层必须寻求员工不信任企业的来源，以提高员工士气。

麦子是一家位于上海的战略咨询公司的合伙人，两年前，她服务的一家制造厂有5000名雇员，但是该厂的产品质量和客户服务很差，员工士气降到低点，员工信任基本没有。

"我们做的工作的第一步是和员工坐下来沟通，了解问题的根源以及员工为什么会认为管理层不可信。"麦子说。人力资源部发现，员工对管理层的晋升感到厌倦，因为管理层提供给工人的工具或为提高产品质量的权限非常有限。同时员工还向高管层提供了改善工厂管理和促进组织变革的一些建议。

麦子说，工厂管理层不仅执行了这几条建议，而且积极告诉员工执行后的变化情况。"仅是从员工那里寻求建议是不够的，"麦子解释说，"你必须告诉员工，高管层采纳了哪些建议及取得了哪些效果，而不能简单地假定员工会留意这些变化。"

根据麦子的介绍，倾听员工的建议对改善工厂的信任度发挥了很大作用，很快就达成了节减成本的目标，工厂产品质量提升70%，准时交货率上升了40%。

第四，让员工为其表现负责。

高信任度的企业得到的回报是员工高绩效的工作。这种环境对低绩效的员工则是一种培训，仍不合格的员工就会被自动淘汰。

几年前，小陈在一家培训公司人力资源部任职，该公司的高管层正备受性骚扰丑闻的困扰——每个员工都知道这些事情。"人力资源部的建议是劝这些高层都离职，"小陈说，"然而老板不倾向于这种解决办法。但很明显，员工因为这件事，对公司管理层失去了信任。大约9个月后，CEO辞职，很快卷入丑闻的高管人员都被解职。董事会最后认为人力资源部的建议是对的。"

对小陈来说，那次经历中采取的行动不仅对保持员工士气和企业可信度很重要，而且对维护团队的信誉也是至关重要的。"管理层的每一个人都不得不维护组织的可信度，"小陈说，"但在事实上，团队领导不得不

出面澄清，因为我们是管理层和员工之间沟通的桥梁，我们必须做好两个方面的工作。如果我们都失去信任，那这个组织就没有什么可以信得过的了。"

9.善于激起良性竞争,学习有效冲突管理

宋岩是一家公司的领导，近来他属下的一个子公司的下属总是完不成定额。原因是，子公司的下属分为白班和夜班两组，平时两组人员常常发生冲突，谁也不把谁放在眼里，在工作上他们也是不断较劲儿。看到白班的下属工作散漫、不认真，上夜班的人当然也就不会吃亏，不会去卖命工作，而是比白班更散漫。这样下去，工作自然很难完成。

作为公司的领导，宋岩几乎用尽了一切办法——劝说、训斥，甚至以解雇相威胁，但无论他采用什么办法，都无济于事，下属还是完不成任务。鉴于此，宋岩决定亲自到该公司处理这件事。

宋岩在该公司领导的陪同下到公司巡视。这时，正好是白班下属要下班、夜班下属要接班的时候。宋岩问一位白班下属："你们今天炼了几炉钢？""6炉。"下属回答道。

宋岩听了白班下属的话，一句话也没说，拿起笔在公司的公告栏写了"6"字，然后就离开了。夜班下属上班时，看到公告栏上的"6"字，感到很奇怪，不知道什么意思，就去问门卫，门卫就把领导到公司视察写下"6"字的经过讲述了一遍。

次日早晨，白班下属看到公告栏上的"6"字后很不服气，心里想：这不是明摆着给我们难看，让我们下不来台吗？于是大家一起努力，到晚上交班时，

白班下属在公告栏上写上了"8"字。

时间一长，这家公司的最高日产量竟然达到了16炉，是过去日产量的3.2倍。结果这个平日落后公司的产品质量很快就超过了其他公司。

宋岩利用人的好胜心理，激起了下属之间的良性竞争，不仅巧妙解决了该公司完不成定额的问题，还使下属处于自动自发的状态，最终促进了企业的健康发展。

作为企业的领导，对待冲突，不可放任不管，也不可采取全部抑制的态度。不仅要积极预防人际冲突的产生，还要积极处理冲突，更要激发良性冲突，抑制消极性后果的产生，推动积极性后果的产生。

具体有以下方法：

第一，创建正确完善的业绩评估机制。以实际业绩为根据来评价下属的能力，不可根据其他下属的意见或是领导的好恶来评价下属的业绩。评判的标准尽量要客观，避免主观臆断。

第二，创建公开的沟通交流体系。让下属多接触，多交流，有话当面说，开诚布公地表达自己心中的想法，以利于消除误解和隔阂，增进友谊和团结。

第三，严惩那些为了谋一己之利而用各种手段攻击同事、破坏部门正常工作秩序的下属，不要让一粒老鼠屎坏了一锅汤。

此外，遇到下属个人之间的冲突，领导最好还是单独私下里听双方的陈词，但不要急于表态肯定谁或否定谁，避免火上浇油，激化冲突。

在企业中，发生冲突几乎是必然的。发生冲突的原因很多：员工个性差异，信息沟通不畅，利益分配不均，个人价值观与企业价值观不协调，等等。过多的冲突会破坏组织功能，过少的冲突则使组织僵化，因此有必要对冲突进行科学有效的管理。

通过下面的测试来看看你是否善于冲突管理吧。

(1)你认为对企业内的冲突：

A.都有必要进行管理

B.无法全部管理,只要看到就会处理

C.大多数可以忽视,只管理重要的冲突

(2)你对冲突的态度是:

A.冲突是负面的,因此要严加控制

B.该处理就处理,多一事不如少一事

C.合理保持冲突水平,鼓励建设性冲突

(3)在冲突预防中,你对员工的个人处世风格、员工间搭配和员工与岗位的搭配:

A.没有注意

B.有所注意

C.十分重视

(4)在处理与别人的冲突时,你会:

A.直接而紧急地处理

B.先弄清对方的想法

C.先反省自己,再弄清对方的思路,发现解决的办法

(5)对内部价值观的统一问题,你会:

A.觉得束手无措

B.尽量统一价值观来减少冲突

C.用文化来统一价值观,也鼓励不同意见的创新

(6)对一些无法解决或者问题严重的冲突,你会:

A.暂且搁置,等待时间的缓冲

B.采取相应的隔离措施

C.如果冲突无法解决,只能严肃处理冲突主体

(7)当同一部门的两个成员发生激烈冲突时,你的处理方式为:

A.回避

B.找这两个人谈话

C.将这两人调开,其中的一人安排到另外部门

(8)面对一触即发的紧张局面,你的协调方式为:

A.马上着手解决矛盾

B.分别进行单个沟通

C.着眼于冲突的感情层面,先不急于解决问题

(9)当发生冲突时,如果自己有错,你会:

A.保全自己的颜面

B.淡化自己的错误

C.有原则地迁就对方,化解冲突

(10)在制定激励政策、福利政策与绩效考评时,你是否关注公平、平等:

A.没有刻意关注

B.有所关注

C.十分关注,因为员工的不公平待遇往往是冲突的根源

测评结果:

选A得1分,选B得2分,选C得3分,最后将分数加总。

24~30分,你善于管理冲突,善于做思想工作,能针对不同的冲突状况去灵活处理,同时也注意保持冲突的良性水平,这一点正是现代冲突管理方式有别于传统冲突管理的地方。

18~23分,你有一定的冲突管理能力。作为管理者,你既要洞察冲突发生的可能性,又要正确对待已经发生的冲突,尽量缓和与避免破坏性冲突的发生,积极引导和发展建设性冲突,合理地解决问题,使冲突结果向好的方向转化。

10~17分,看来,你还需增加冲突管理意识,加强在实际工作中处理冲突的能力。研究企业冲突的产生原因及其控制方法,是企业管理中一个十分重要的课题,作为领导者,应对这个课题给予充分重视。

10.自我管理是管理的最高境界

对企业领导者来说,自我管理是管理的最高境界,是最经济和最有效的管理方法。

日本麦当劳老板滕田为了把自己下属的进取欲望转化为工作热情,促使下属更好地为麦当劳工作,想出了一个"员工加盟制度"的点子来。

滕田向所有职工宣布:凡在他的麦当劳汉堡店干满10年以上的职工,如果自己有意经营日本麦当劳分店,日本麦当劳总店将予以支持,总店将为这样的职工选择好分店的开办地点,到时该职工只要向总店交纳250万日元的保证金,即可利用日本麦当劳的名义单独另干,从此该职工就是日本麦当劳加盟店的老板了。由于在日本麦当劳干了10多年,训练有素,经营方法熟悉,所以这些另起炉灶的职工都十分成功,不久他们的腰包就鼓起来了。这对所有的日本麦当劳的职工来说,无疑具有强大的吸引力。冲着日后能当老板,日本麦当劳的职工干劲十足。

斯太利农产品公司的一家分厂曾试验"自我管理"。具体做法是,根据生产、维修、质量管理等不同业务的要求和轮换班次的需要,把全厂职工以15人一组分成16个小组,每组选出两名组长,一位组长专抓生产线上的问题,另一位组长负责培训、召集讨论会和做生产记录。厂方只制定总生产进度和要求,小组自行安排组内人员的工作。小组还有权决定组内招工和对组员的奖惩。该厂实行"自我管理"后,生产率激增,生产成本低于其他工厂,旷工、辞职和停工率都降到1%以下,而生产设备的利用率则达到设计标准的115%。

狄俄蒙纤维制品公司有一个机构执行自我管理，取名"百人俱乐部"，其职权包括记录工人的表现和对出勤率高、安全生产、有建树的职工颁发奖金、奖品。"百人俱乐部"成立一年，工厂生产率提高了3.4%，上、下级冲突减少了73%，还减少了事故，共为公司节约开支160万美元，平均每个职工每年节省5万多美元。

桑伯格制袜公司的改革更具有戏剧性。该公司1980年推出一套运动袜，一年之内销售总额从前一年的80万美元，猛增到270万美元，次年又跨过500万美元的大关。为了保持产品的声誉，公司老板决定采取产量、质量到人，实行"自我管理"。该决定一宣布，工人立刻组织起了一个个自由结合的"质量圈"，相互切磋技术，交流意见。工长虽然还负有记录工人表现的任务，但何为优，何为劣，标准必须由"质量圈"来决定。一年后，公司产品的一等品率达到99.3%，大大超出了同行业水平，销售额比上一年增长了50%。

作家杰克森·布朗曾经有过一个有趣的比喻："缺少了自我管理的才华，就好像穿上溜冰鞋的八爪鱼。眼看动作不断，可是却搞不清楚到底是往前，往后，还是原地打转。"

领导者人必须明白，除非你首先能够管理"自我"，否则你不能管理任何人或任何东西。一个连自己都管不好或者管不了的经理人，难道还能够管好员工么？

现实生活中，那些极其成功的经理人——韦尔奇、艾科卡、松下幸之助、格鲁夫、比尔·盖茨……他们都是自我管理成功的典范。在学习和实践后，我们总结出自我管理的"八项基本原则"：

(1)目标原则

每个人都曾有一个愿望或梦想，也会有工作上的目标，但经过深思熟虑后制定自己的生涯规划的人并不多。生涯规划的实现，需要强有力的自我管理能力。

有目标的人和没有目标的人在认识上是不一样的，二者在精神面貌、拼

搏精神、承受能力、个人心态、人际关系、生活态度上均有明显的差别,通过同学聚会,分析成败的原因,可明显地看出这一点。

早定生涯目标并坚定不移地为之奋斗,20年后才不会后悔。

(2)效率原则

浪费时间就等于浪费生命,这道理谁都懂。但是,我们每天至少有1/3的时间在做着无效工作,在慢慢地浪费着自己的时间和生命。所以,要分析、记录自己的时间,并本着提高效率的原则,合理安排自己的时间,在实践中尽可能地按计划贯彻执行。

坚持下来,你会发现,你的时间充裕了,你的工作自如了,你的效率提高了,你的自信增强了。

(3)成果原则

自我管理也要坚持成果优先的原则。做任何工作时,都要先考虑这项工作会产生什么样的效果,对目标的实现有什么样的效用。这是安排自我管理的工作顺序的一个重要原则。

与成果关系不大的事,交给别人干好了。

(4)优势原则

充分利用自己的长处、优势积极开展工作,从而达到事半功倍的效果。这是自我管理的一个非常重要的原则。

人无完人,你不可能消灭自己的缺点,全剩下优点——那你就是神,不是人了。

(5)要事原则

做工作分轻重缓急,重要的事情先做。在"ABC法则"中,我们把"A(重要的工作)"放在首先要完成的位置。在自我管理中,"A"就是与实现职业生涯规划密切相关的工作,要优先安排,下大力气努力做好。

(6)决策原则

一是决策要果断,优柔寡断是自我管理的大忌,想好了就要迅速定下来;二是贯彻要坚决,不管遇到多大阻力,都要坚定不移地贯彻到底;三是落

实要迅速,定下来就要迅速执行,抓住时机,努力工作。

(7)检验原则

实践是检验真理的标准。自我实践目标的正确与否,需要实践来检验。要坚持"以人为镜",及时收集、征求同事们的意见和建议,检查自我管理的实际效果。

(8)反思原则

自我管理也要定期进行反思。检查自己的目标执行情况,分析自我管理中存在的问题,制定、调整和修正方案。从实际出发,保证自我管理健康地向前发展。